専門基礎ライブラリー

基本簿記

改訂版

簿記の基礎から実務までのエッセンス

蛭川幹夫・小野正芳・武井文夫・山本貴之

実教出版

まえがき

　本書のもととなる専門基礎ライブラリー『基本簿記』は，私が大学や商業高校，そして各種の社会人講座で指導したなかで培ったノウハウをもとに書き上げたものです。近年，各種簿記検定試験において，現代のビジネススタイルの変化に適合し，実際の企業活動や会計実務にそった出題内容をめざした大幅な改定が行われてきました。これを受け，このたび高校や専門学校・大学において長年にわたり簿記教育に携わってきた4名の教員により『基本簿記』の大幅な改訂を行いました。

　今回の改訂では，「初めて簿記を学ぼうとする方々に簿記の基礎・基本を体系的に学習してもらうため，わかりやすい記述にこだわる」というこれまでの基本的なスタンスを踏襲しながらも，教育現場のカリキュラムや各種検定試験に対応できるように，新しく，基礎編，応用編，発展編の三部構成にしました。

　基礎編では，学習者が簿記の基礎・基本を容易に習得できるよう，学習内容や使用勘定科目は，全国経理教育協会主催簿記能力検定試験（以下，全経簿記）3級の出題範囲に限定しました。そのため，例えば，決算整理事項における学習内容も，前のテキストに比べ大幅に減少し，学習者の負担は軽くなっています。基礎編を学ぶことにより，全経簿記3級に十分対応することができます。

　応用編では，全経簿記3級に合格した後，さらに日本商工会議所主催簿記検定試験（以下，日商簿記）3級を受験する学習者のために，その出題範囲のうち，基礎編で取り扱っていない項目について，ポイントをおさえて学習できるよう編修しました。基礎編と応用編を学習することにより，日商簿記3級の基礎固めができます。

　発展編では，さらにステップアップして全経簿記2級の商業簿記に挑戦する学習者のために，その出題範囲のうち，基礎編および応用編で取り扱っていない項目について，ポイントをおさえて学習できるよう編修しました。

　このように，本書は全経簿記および日商簿記の3級，全経簿記2級商業簿記の内容を一冊で扱ったほか，読者が学習を進めやすいよう，以下の点に配慮して編修しました。

1.　わかりやすく書くことと，なぜそうなるかに答えることを心がけ，記述しました。
2.　専門用語については，その意味をわかりやすく説明することに心がけました。
3.　ぜひ覚えてほしいこと，確認してほしいこと，知っておいてほしいことなどを，側注を利用し，詳しく記述しました。
4.　例題による展開とし，理解が難しい箇所には「解法のテクニック」を設け，問題を解くにあたって役立つテクニックを記述しました。
5.　実務を知ってもらうために，付録として，実務での帳簿組織や記帳方法について扱いました。

　言い古されたことですが，簿記を理解するためには，テキストをよく読むとともに，ペンと電卓を持って，コツコツと問題を解くことが何より大切です。まさに学問に王道なしです。本書で一人でも多くの方が簿記を好きになり，さらに高度な学習への橋渡しになることを祈ってやみません。

　最後になりましたが，本書の刊行にあたって，多大のご配慮をいただいた実教出版株式会社に対し，心から感謝の意を表すとともにお礼を申し上げます。

2020年3月　　　　　　　　　　　　　　　　　　　　　　　　　　　蛭川幹夫

CONTENTS ———— もくじ

基礎編

応用編

発展編

各検定試験における勘定科目の違いについて

　本書の基礎編は全経簿記3級，応用編は日商簿記3級，発展編は全経簿記2級を想定して編修されています。全経簿記と日商簿記にはそれぞれ標準勘定科目が設定されていますが，同じ内容の勘定科目でも名称が異なる場合があります。

　以下の表は，それぞれの検定試験の標準勘定科目において名称が異なるものの比較表です。日商簿記には標準勘定科目（A欄）のほかに許容勘定科目（B欄：採点上許容される勘定科目）がありますので，あわせて掲載しています。また，全経簿記3級では，下位級である全経基礎簿記会計の標準勘定科目も出題されますので，こちらもあわせて掲載しています。

　本書を各検定試験の学習用として使用する場合は，以下の比較表を確認の上，該当する検定試験の標準勘定科目（または許容勘定科目）を用いるよう，注意しましょう。

　なお，本書では特別な断りがない限り，各編に対応する検定試験の標準勘定科目を使用することを原則としています。

■全経簿記，日商簿記における勘定科目比較表

全経基礎 全経3級 （基礎編）	日商3級 （応用編）		全経2級 （発展編）
	A欄	B欄	
商品販売益	商品売買益	商品販売益	
広　告　費	広告宣伝費	広　告　費	
旅　　　費 交　通　費	旅費交通費	旅　　　費 交　通　費	
未　収　金	未　収　入　金	未　収　金	
	受取商品券	－	他店商品券
	保　管　費	保　管　料	保　管　料
	法人税、住民税及び事業税	法　人　税　等	法　人　税　等
有　価　証　券			売買目的有価証券

注：全経簿記は2019年4月改定時点，日商簿記は2019年4月1日施行時点。

基礎 編

この編では，簿記の基本的な仕組みを学ぶ。

具体的には，小規模企業として位置付けられる株式会社の経理担当者として，複式簿記の仕組みを理解し，基本的な帳簿を作成，照合できるようにすることを目標とする。

簿記に関する各検定試験などにおいては，導入・基礎にあたる内容となるので，しっかり理解しよう。

第1章

複式簿記の基礎

第1節　簿記の役割

　日本では多くの企業が私たちの生活に必要となる物・サービスを創り出し，私たちの生活を支えている。朝起きたら，企業が製造した食品を食べ，企業が提供する輸送サービスで学校・会社に出かけ，企業が作った書籍・ノートを使って勉強し……，私たちの日々の生活は企業なしでは成り立たないといっても過言ではない。では，私たちの生活を支えている企業はどのように成り立っているのだろうか？

① 株主とは，株式会社に出資した人をいう。株主になるということは会社の持ち主になることであるから，株主には配当金（株主に分配される利益）を受け取る権利などが与えられる。

② 企業にお金を貸している個人や会社（銀行など）をいう。

③ これ以上資金を提供できないと判断すれば，株主は株式を売却し，債権者は貸付金を回収する。

　この図のとおり，企業は株主①や債権者②から資金を提供してもらい，その資金を使って事業を行っている。したがって，資金の出し手である株主や債権者に対して，その資金を使って行った事業の詳細や資金の残高について報告しなければならない。そこで，簿記という道具を用いて，企業が行った取引をすべて記録し，その記録を集計し，報告書にまとめ，株主・債権者に報告する。株主・債権者は企業が作成した報告書を見て，企業に資金を提供し続けるかどうかを判断する③。

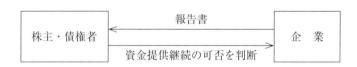

④ 経営者が適切に意思決定することによって，うまく経営がなされている企業に資金が集まり，最終的には経済全体の効率が高まる（最適資源配分）。簿記は経済全体の効率化を図るツールでもある。

　また，経営者も報告書を作成するための記録（各種帳簿）を見て，自らの事業の状況を把握し，企業をよりよい状態に持っていくための意思決定を行う④。経営者は経営するために必要となる財産の管理を行わなければならない。どんな店舗があって，そこでどんな備品を使って経営しているのかを把握できなければ，よい経営などできるはずがない。つまり，個々の記録（帳簿の記入内容）を使って財産管理を行う必要がある。

　さらに，経営者は現状に満足することなく，企業を成長させなければならない。そのために企業のどこが強みでどこが弱みかを把握しなければならない。企業の強み・弱みは数字にあらわれる。だから，帳簿や報告書を利用して，よりよい経営を行うためにはどこをどのように改善すべきか考えるのである。

私たちは，簿記というと，「家計簿」や「こづかい帳」へ現金の増減を記録し，現金残高を計算することを想像する[1]。しかし，前に述べた簿記の役割を果たすためには，どのくらい商品が残っているのか，どんな店舗を所有しているのかといった情報も必要であり，現金残高情報だけでは不十分である。そのため，現金以外にも，営業活動から生じるあらゆる項目[2]を一定のルールにしたがって帳簿に記録し，その記録にもとづき報告書などを作成する必要があり，そのための簿記を**複式簿記**という[3]。

　企業が作成する報告書には，貸借対照表と損益計算書があり，貸借対照表は一定時点の財政状態を明らかにする報告書であり，損益計算書は一定期間の経営成績を明らかにする報告書である。

[1] このように，その人にとって重要度の高い財産について，その増減を記録するような帳簿記入を単式簿記という。

[2] 具体的な項目については，第3・4節で説明する。

[3] 今日，簿記といえば複式簿記を意味する。

> ―――――― **簿記の役割** ――――――
> ・一定時点の財政状態を明らかにすること。
> ・一定期間の経営成績を明らかにすること。

第 **2** 節　簿記の用語

1　借方と貸方

　複式簿記では，1つの取引を2つの側面からとらえ，それを左側と右側に分けて記入する。そのため帳簿の金額を記入する場所や書類なども左側と右側に分けて書かれることになる。

　簿記では，この左側を**借方**（Debit），右側を**貸方**（Credit）という。

2　会計期間

　企業は，1年を一区切りにして，その期間にどれだけの利益をあげたか，あるいは一定時点にどれだけの財産があるかなどを計算する。この一区切りを**会計期間**（または**事業年度**）という。そして，会計期間の初めを**期首**，終わりを**期末**という。

　会計期間をどのように決めるかは会社の諸事情によってさまざまであるが，株式会社では4月1日から翌年の3月31日までとすることが多い[4]。

▲ 知っておこう

借方，貸方には特に意味はなく，単純に，左側，右側の簿記上のよび方である。忘れそうになったら次のように覚えるのもよい。
「かりかた」と「かしかた」はよく似ているが，「り」と「し」が違う。

　　　かり　　かし
左 ┘　┗ →右
　　　かた　　かた

[4] 個人企業の会計期間は1月1日から12月31日である。

前　期	当　期	次　期
	会計期間	
3/31　4/1	3/31　4/1	
期首	期末	

第 **3** 節　資産・負債・純資産と貸借対照表

簿記の目的の１つに，期末に財産がどれだけあるかを明らかにすることがあり，そのための報告書を**貸借対照表**という。貸借対照表は**資産**・**負債**・**純資産**という３つの要素で構成されている。

資産・負債・純資産は，このあとで学ぶ収益・費用と合わせ，**簿記の５要素**といわれ，簿記を理解するうえで基本となる用語である。

■1■ 資　産

① 債権とは，あとで現金，商品，サービスなどを受け取る権利のことである。例えば，コンサートのチケットを購入すれば，あとでコンサート会場に入場できる権利，つまり債権を得たことになる。

資産とは，企業が所有している**財貨および債権**①（権利）のことである。資産は企業にとって財産としての性格を持つものであり，次のようなものがある。

〔財　　貨〕

現　　　金	紙幣や硬貨など
預　　　金	銀行などへの預入金。普通預金・定期預金・当座預金など
商　　　品	販売する目的で所有する物品
建　　　物	営業用の店舗や倉庫など
車両運搬具	営業用のトラックや乗用車など
備　　　品	営業用の机・いす・事務機器（例えばパソコンなど）・商品陳列ケース・金庫など
土　　　地	営業に使用する店舗や倉庫などの敷地

〔債　　権〕

② 代金を後日受け取る約束で商品を引き渡すことを「掛け（つけともいう）で売る」という。

貸　付　金	現金を貸し付けたとき，あとで現金を受け取ることができる債権が生じる。この債権を貸付金という。
売　掛　金	商品を掛けで売ったとき②，あとで現金を受け取ることができる債権が生じる。この債権を売掛金という。

▲ 知っておこう

売掛金はこんなとき発生する

青果店が商品を掛けで売ったり，運送会社が料金後払いで荷物を運んだりしたとき，それぞれのお店で売掛金が発生する。なお，本書では，商品売買の簿記を学習するので，商品を掛けで売ったときに生じる債権を売掛金と定義する。

■2■ 負　債

負債とは，将来，一定の金額などを支払わなければならない**債務**③（義務）のことである。負債は企業にとってマイナスの財産としての性格を持つものであり，次のようなものがある。

③ 債務とは，あとで現金の支払い，商品の引渡し，サービスの提供などをしなければならない義務のことである。

買　掛　金	商品を掛けで買ったとき，あとで現金を支払う債務が生じる。この債務を買掛金という。
借　入　金	銀行等から現金を借りたとき，あとで現金を支払う債務が生じる。この債務を借入金という。

3 純資産（資本）

資産から負債を差し引いた額を**純資産（資本）**①という。本書では純資産として**資本金**と**繰越利益剰余金**を学ぶ。

① 本書では，以下「純資産」と表記する。

資　本　金 株主が会社に出資した額

繰越利益剰余金 会社がもうけた利益の蓄積額

企業にとっては，資産はプラスの財産であるのに対して，負債はマイナスの財産としての性格を持つ。したがって，資産の総額から負債の総額を差し引いた額は，その企業の正味の財産をあらわす。簿記ではこれを純資産という。

この関係を示せば次のようになる。そして，この等式を**純資産等式**という。

$$\text{資産} - \text{負債} = \text{純資産} \quad \cdots\cdots \quad \text{純資産等式}$$

4 貸借対照表（Balance Sheet：B/S と略す）

上記の純資産等式を，資産＝の等式に変形すれば次のようになる。この等式を**貸借対照表等式**という。

$$\text{資産} = \text{負債} + \text{純資産} \quad \cdots\cdots \quad \text{貸借対照表等式}$$

貸借対照表は，貸借対照表等式にもとづいて，資産，負債，純資産を一覧表にまとめたものである。このため，貸借対照表は，資産，負債，純資産が一定時点においてどのような状態にあるか（これを**財政状態**という）を示すものといえる。なお，貸借対照表の貸方の負債と純資産は，資金をどこから調達したかという資金の調達源泉をあらわし②，借方の資産は，調達した資金がどのように使われているかという運用形態をあらわす。

② 他人から調達した資金が負債，株主の出資額と会社がもうけた利益である自己資金が純資産である。

貸借対照表

□□商事　　　　○年○月○日　　　（単位：円）

| 資　産 | 負　債 |
| | 純資産 |

Point! 日付，企業名，単位を忘れないようにする。

例題… 1
exercise

01年4月1日（期首）における実教商事(株)の資産，負債および純資産は下記のとおりである。同日の貸借対照表を作成しなさい。ただし，金額の単位は万円とする。

| 現　金 *150* | 商　品 *120* | 売掛金 *80* | 備　品 *50* |
| 買掛金 *90* | 借入金 *60* | 資本金 *150* | 繰越利益剰余金 *100* |

貸借対照表

実教商事(株)　　　01 年 4 月 1 日　　　（単位：万円）

現　　　金	150	買　掛　金	90	②
商　　　品	120	借　入　金	60	
売　掛　金	80	資　本　金	150	③
備　　　品	50	繰越利益剰余金	100	

①（左側全体）

←合計線 ④

400 ……… ⑤ ……… 400

←締切線 ⑥

B/S から何がわかるか？

例題 1 の貸借対照表の貸方をみてみよう。買掛金が 90 万円あるということは，商品代金が 90 万円未払い，つまり仕入先から 90 万円借りていることがわかる。また，借入金が 60 万円あることから，銀行からも 60 万円借りていることがわかる。資本金 150 万円と繰越利益剰余金 100 万円は，実教商事の純資産，つまり，自己資金である。以上から，4 月 1 日現在，実教商事は自己資金 250 万円と他人資金 150 万円を使い経営をしていることがわかる。このように B/S の貸方から**資金の調達先**がわかる。

一方，借方をみると，現金が 150 万円，商品が 120 万円，売掛金が 80 万円，備品が 50 万円ある。借方をみることで，集めた資金がどのように運用されているか（**資金の運用形態**）がわかる。

このように，B/S からは，企業の一定時点において，資産・負債・純資産がどのような状態にあるかという財政状態を知ることができる。

解き方 | how to solve

1．資産（①）を B/S の借方に，負債（②）と純資産（③）を貸方に記入する。なお，貸方は負債を上に記入する。

これより B/S の締切り

2．金額の下の，かつ借方と貸方の同じ高さに合計線（単線）を引く（④）。なお，項目欄に余白があるときは，余白に斜線を引く。

3．借方，貸方に合計額を記入する。このとき，借方と貸方が一致することを確認する（⑤）。

4．締切線（二重線）を引いて締め切る（⑥）。

例題 1 のように，期首の資産・負債・純資産を集めて作成した貸借対照表を**期首の貸借対照表**という。

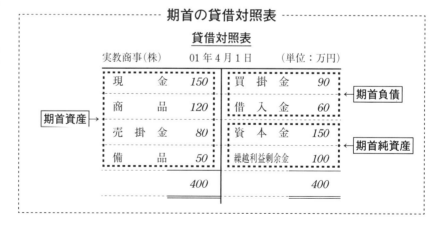

期首の貸借対照表

貸借対照表

実教商事(株)　　　01 年 4 月 1 日　　　（単位：万円）

現　　　金	150	買　掛　金	90
商　　　品	120	借　入　金	60
売　掛　金	80	資　本　金	150
備　　　品	50	繰越利益剰余金	100
	400		400

期首資産 →（借方）　　← 期首負債
　　　　　　　　　　　← 期首純資産

例題… **2**

exercise

02 年 3 月 31 日（期末）における実教商事(株)の資産，負債および純資産は次のとおりである。同日の貸借対照表を作成しなさい。ただし，金額の単位は万円とする。

現　金　*170*　　商品　*100*　　売掛金　*90*　　備品　*50*

買掛金　*80*　　借入金　*60*　　資本金　*150*　　繰越利益剰余金　*120*

解答　answer

貸借対照表

実教商事（株）　　02 年 3 月 31 日　　（単位：万円）

現　　　金	170	買　掛　金	80
商　　　品	100	借　入　金	60
売　掛　金	90	資　本　金	150
備　　　品	50	繰越利益剰余金	120
	410		410

解き方　how to solve

・例題 1 と同じ要領で作成する。

例題 2 のように，期末の資産・負債・純資産を集めて作成した貸借対照表を**期末の貸借対照表**という。

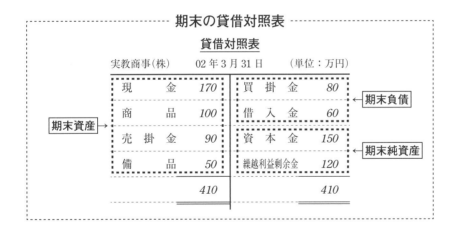

期末の貸借対照表

繰越利益剰余金は，会社がもうけた利益の蓄積額をあらわすから，期末の繰越利益剰余金から期首の繰越利益剰余金を差し引いて当期純損益（当期純利益または当期純損失）を計算することができる[1]。

　　期末繰越利益剰余金　－　期首繰越利益剰余金　＝　当期純損益

（＋のとき当期純利益，－のとき当期純損失）

上記の式の期首繰越利益剰余金を右辺に移項すれば次のようになる。

　　期末繰越利益剰余金　＝　期首繰越利益剰余金　＋　当期純損益

このことから，期末の繰越利益剰余金は期首の繰越利益剰余金に当期純損益を加減した額になる。

① 期首と期末の純資産を比較して，一会計期間の純損益を計算する方法を**財産法**という。なお，本書は入門書のため，ここでは繰越利益剰余金の増加を利益としており，配当は考慮していない。また，財産法に対して**損益法**という計算方法もある（p.15 参照）。

なお，期首繰越利益剰余金と期末繰越利益剰余金の関係は次のとおりである。

第 **4** 節　収益・費用と損益計算書

第3節のとおり，期首と期末の繰越利益剰余金を比べることで，1年間に発生した純損益の額を求めることができた。しかし，それがどのような原因で生じたかはわからない。それを知るための報告書が**損益計算書**である。

損益計算書は**収益**と**費用**という2つの要素で構成されている。

1 収益

収益とは，営業活動によって**純資産を増加させる原因**となることがらである。例えば，実教商事(株)が手数料 ¥*100* を現金で受け取ったとする。このとき実教商事は現金が ¥*100* 増えるとともに，純資産も ¥*100* 増える。

このように，純資産を増やす原因となった手数料の受取り（受取手数料）を**収益**という。

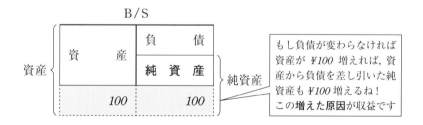

一般にみられる収益の項目には次のようなものがある。

商品販売益　商品を仕入価額より高い価額で売却したときの，仕入価額と売却価額との差額。商品売買益ともいう

受取手数料[①]　商品売買の仲介などで受け取る手数料

受取利息　銀行等の預金利子や取引先などへ現金を貸し付けたときに受け取る利息

雑益・雑収入　不用品を売却したときの売却代金など，金額的にも重要でない収益

① 検定試験では，全経簿記2級の出題範囲となる科目である。

2 費　用

　費用とは,営業活動によって**純資産を減少させる原因**となることがらである。
例えば,実教商事(株)が社員に給料 ¥200,000 を現金で支払うと,実教商事は
現金 (資産) が ¥200,000 減少するとともに, 純資産も ¥200,000 減少する。
そして, 純資産を減少させる原因となった給料の支払い(給料)を**費用**という。

　一般にみられる費用の項目には次のようなものがある[1]。

給　　　料	従業員に支払う給与
広　告　費	新聞・ちらし・テレビ等への広告代金
支払家賃	店舗や事務所などの建物を借りているときに支払う賃 借 料
通　信　費	電話料金・郵便切手代など
消耗品費	帳簿, 伝票, コピー用紙その他文房具代
水道光熱費	水道料金・ガス料金・電気料金など
保　険　料	店舗や商品の火災などの損害に備えてかける保険料
交　通　費	従業員の電車代・バス代など
支払利息	銀行や取引先などから現金を借り入れたときに支払う利息
雑　　　費	上記諸費用に入らないその他の営業費用

解法のテクニック
費用｜純資産を減少させる
原因となることがら。○○
費, ○○料, 支払○○が費
用だと覚える。

○○費
○○料
支払○○

[1] 他にも
　・発送費　　　・旅費
　・修繕費　　　・支払地代
　・支払手数料　・交際費
などがある。
いずれも全経簿記検定で出
題される場合の費用の項目
名である。
なお, 日商簿記検定では広
告費は**広告宣伝費**, 交通費
は**旅費交通費**として出題さ
れる。

3 損益計算書 (Profit and Loss statement : P/L と略す)

　一会計期間の収益と費用の差額は当期純損益をあらわすので次の等式が成
り立つ[2]。

　　　　　収益 － 費用 ＝ 当期純損益 (＋のとき当期純利益, －のとき当期純損失)

なお, 上記等式を次のように変形させたものを**損益計算書等式**とよぶ。

　　　費　用 ＋ 当期純利益 ＝ 収　益 ……**損益計算書等式**

損益計算書は, 損益計算書等式にもとづいて, 収益と費用を一覧表にした
ものであり, 企業の一定期間にどれだけの収益と費用があり, その結果どれ
だけの利益あるいは損失が生じたかという**経営成績**を明らかにする。

[2] 　一会計期間の収益と費
用を比較して, 一会計期間
の純損益を計算する方法を
損益法という。

損益計算書

□□商事　　　○年○月○日から○年○月○日まで　　(単位：円)

費　　　用	収　益
当期純利益	

Point! 日付は「○年○月○日から○年○月○日まで」と記入する。

▲ 知っておこう

収益は純資産を増やす原因
であるから, 純資産と同じ
貸方にくる。

例題… 1
exercise

　実教商事(株)の 01 年 4 月 1 日から 02 年 3 月 31 日までの収益および費用
の発生額は次のとおりであった。当期間における損益計算書を作成しなさい。

ただし，金額の単位は万円とする。

商品販売益	*150*	受取手数料 *20*	給　料 *80*
広告費	*20*	支払家賃 *30*	交通費 *10*
雑　費	*10*		

解答 | answer

損益計算書

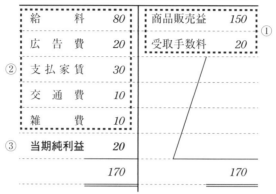

実教商事(株)　01年4月1日から02年3月31日まで　（単位：万円）

	給　料	*80*	商品販売益	*150*	①
	広告費	*20*	受取手数料	*20*	
②	支払家賃	*30*			
	交通費	*10*			
	雑　費	*10*			
③	当期純利益	*20*			
		170		*170*	

解き方 | how to solve

1．収益をP/Lの貸方に記入する（①）。

2．費用をP/Lの借方に記入する（②）。

3．収益から費用を差し引いて当期純損益を求める。費用＜収益のときは，その差額を当期純利益として借方に記入し（③），費用＞収益のときは，その差額を当期純損失として貸方に記入する。

【費用＜収益】　　　　　　【費用＞収益】

4．損益計算書を締め切る。

例題… **2**　　　　　　　　　　　　　　　　　　exercise

　市ヶ谷商事(株)の01年4月1日から02年3月31日までの収益および費用の発生額は次のとおりであった。当期間における損益計算書を作成しなさい。ただし，金額の単位は万円とする。

商品販売益	*170*	受取利息 *10*	給　料 *70*
支払家賃	*50*	水道光熱費 *40*	保険料 *20*
雑　費	*10*		

サイドノート（左段）

▲ 知っておこう

P/Lから何がわかるか？
実教商事は01年4月1日から02年3月31日までの1年間に，収益が170万円（その内訳は商品販売益150万円，受取手数料20万円）と，費用が150万円（その内訳は，給料80万円，広告費20万円…あと略）発生し，その結果として20万円の純利益をあげることができたことがわかる。
つまり，P/Lから実教商事の1年間の経営成績を知ることができる。
なお，B/Sからは当期純利益の総額が，P/Lからはその内訳明細がわかる。

▲ 知っておこう

P/Lでは，当期純利益（または当期純損失）の文字と金額は一般に赤で記入する。ただし，黒で記入してもよい。

損益計算書

市ヶ谷商事(株)　01年4月1日から02年3月31日まで　（単位：万円）

給　　　料	70	商品販売益	170
支 払 家 賃	50	受 取 利 息	10
水 道 光 熱 費	40	**当期純損失**	10
保 険 料	20		
雑　　　費	10		
	190		190

解き方 | how to solve

・費用＞収益の場合の問題である。

・収益と費用の差額を「当期純損失」として貸方に記入する。

例題… 3　　　　　　　　　　　　　　　　　　　　　exercise

次の表の空欄にあてはまる適切な金額を答えなさい。なお，純損益欄については純損失の場合−をつけて表示すること。

（単位：万円）

| | 期首純資産 | 期　　末 | | | 収　　益 | 費　　用 | 純損益 |
		資　　産	負　　債	純資産			
(1)	60,000	ア	31,000	84,000	イ	67,000	ウ
(2)	エ	165,000	オ	112,000	98,000	カ	−8,000

解答 | answer

ア. 115,000　イ. 91,000　ウ. 24,000　エ. 120,000

オ. 53,000　カ. 106,000

解き方 | how to solve

(1)・期末資産−期末負債＝期末純資産　より期末資産（ア）を求める。
$\overset{(ア)}{}$ − $\overset{31,000}{}$ ＝ $\overset{84,000}{}$

・期末純資産−期首純資産＝当期純損益　より当期純損益（ウ）を求める。
$\overset{84,000}{}$ − $\overset{60,000}{}$ ＝ $\overset{(ウ)}{}$

・収　益−費　用＝当期純損益　より収益（イ）を求める。
$\overset{(イ)}{}$ − $\overset{67,000}{}$ ＝ $\overset{24,000}{}$

(2)・期末資産−期末負債＝期末純資産　より期末負債（オ）を求める。
$\overset{165,000}{}$ − $\overset{(オ)}{}$ ＝ $\overset{112,000}{}$

・期末純資産−期首純資産＝当期純損益　より期首純資産（エ）を求める。
$\overset{112,000}{}$ − $\overset{(エ)}{}$ ＝ $\overset{−8,000}{}$

・収　益−費　用＝当期純損益　より費用（カ）を求める。
$\overset{98,000}{}$ − $\overset{(カ)}{}$ ＝ $\overset{−8,000}{}$

■ 確認しよう

このような計算問題を解くためには，すでに学習した以下の公式を利用する。

①資産−負債＝純資産

②期末純資産−期首純資産＝当期純損益

③収益−費用＝当期純損益

第 **5** 節 取引と勘定記入

■1■ 取　引

　企業の資産・負債・純資産に増減が生じることがらを簿記では**取引**という。そして，取引は必ず帳簿に記録しなければならない。しかし，日常生活でいわれるところの取引と簿記上の取引は必ずしも一致しない。例えば，銀行から現金 *¥100,000* を借りたとすれば，一般にはその行為は取引といわれる。また，この取引は資産（現金）や負債（借入金）の増減をともなうので，簿記上も取引といわれ，帳簿への記入が必要となる。しかし，「銀行から現金 *¥100,000* を借りる契約を結んだ」という行為は，一般には取引というが簿記では取引といわない。契約をしただけでは資産（現金）も負債（借入金）も増減しないからである。もちろん帳簿への記入も行わない。

例題… 1　　　　　　　　　　　　　　　　　　　exercise

次のことがらは簿記上の取引にあたるか答えなさい。

1．得意先にメールで商品の注文をした。

2．商品が盗難にあった。

3．給料 *¥100,000* を現金で支払った。

解説・解答 | explanation / answer

1．契約を結んだだけでは資産（商品）は増加しないので，簿記上の取引とはならない。

2．資産（商品）が減少するので簿記上の取引となる。

3．資産（現金）が減少するので簿記上の取引となる。

■2■ 勘　定

（1）　勘定と勘定科目

　簿記では，取引を帳簿に記入するさい，資産，負債，純資産，収益，費用を細かく分けて記録・計算する。例えば，資産ならそれをさらに現金，売掛金，商品といったように区分し，記録する。

　この記録・計算の単位（区分）を**勘定**（account：a/c と略す）といい，勘定に付けられた名称を**勘定科目**という。

　これまでに学習した勘定科目を分類すると，次のようになる。

貸借対照表	資　産	現金・普通預金・商品・売掛金・備品など
	負　債	買掛金・借入金
	純資産	資本金・繰越利益剰余金
損益計算書	収　益	商品販売益・受取手数料・受取利息など
	費　用	給料・通信費・水道光熱費・消耗品費など

（2）　勘定口座

　簿記では，取引を記録・計算するために，帳簿に勘定科目ごとの場所を設ける。この場所を**勘定口座**という。

　勘定口座の形式には，標準式と残高式がある。企業にとっては**残高**[1]が示される方が便利であるので，実務では残高式が多く用いられる。

① 残高とは何かについては，p.29で詳しく学習する。

　なお，学習上は標準式を簡略化した**T字形**（Tフォーム）が用いられることが多い。

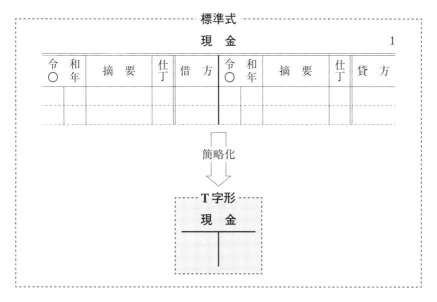

（3）　勘定の記入方法

　取引を勘定に記入する場合，次のようなルールにしたがって行う。

勘定へ記入するときのルールは，B/S, P/L との関係で覚える。

資産はB/Sの借方にある。だから，増えたときは借方で，減ったときは貸方と覚える。負債と純資産はB/Sの貸方にある。だから，その２つは増えたときは貸方，減ったときは借方である。同じように，収益はP/Lの貸方にあるから発生したときは貸方，費用はP/Lの借方にあるから発生したときは借方にそれぞれ記入する。

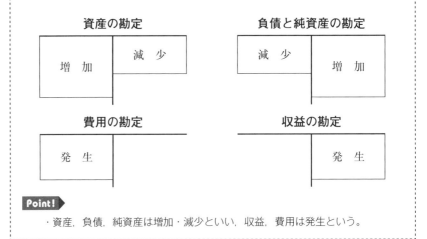

--- 勘定へ記入するときのルール ---

・資産の勘定は増加を借方，減少を貸方に記入する。

・負債と純資産の勘定は増加を貸方，減少を借方に記入する。

・収益の勘定は発生を貸方に記入する。

・費用の勘定は発生を借方に記入する。

Point !
・資産，負債，純資産は増加・減少といい，収益，費用は発生という。

● The Bookkeeping

第 6 節　仕訳と転記

Point !
簿記では，例外（前期繰越，次期繰越）を除いて，勘定口座に直接金額などを書き込むことはない。

　簿記では，発生した取引を勘定に記入するさい，直接記入すると誤りが生じやすく，また能率も上がらない。そこで，まず**仕訳**を行い，**仕訳帳**に記入したあと，すべての勘定口座が設けられている**総勘定元帳**（一般には**元帳**という）に書き移す。これを**転記**という。

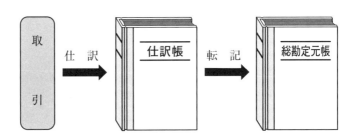

1 　仕訳の意味

　取引を勘定に記入するにあたり，①どの勘定のどちら側（借方または貸方）に，②いくらの金額を記入するか決めることを仕訳という。

　仕訳は，取引要素の結合関係および貸借平均の原理にもとづいて行う。

（1）　取引要素の結合関係

　簿記上の取引は，資産の増加と負債の増加が結びついたり，費用の発生と

資産の減少が結びつくなど，いろいろなパターンがある。これを**取引要素の結合関係**①という。

① 取引には資産の増加と負債の増加のように借方と貸方が1つの取引と，どちらか一方あるいは両方とも複数の取引がある。

------ 取引要素の結合関係 ------

【借方】	【貸方】
資 産 の 増 加	資 産 の 減 少
負 債 の 減 少	負 債 の 増 加
純資産の減少	純資産の増加
費 用 の 発 生	収 益 の 発 生

（2）貸借平均の原理

すべての取引はある勘定の借方と他の勘定の貸方に記入されるが，借方に記入される金額の合計と貸方に記入される金額の合計はつねに等しい。これを**貸借平均の原理**という。

■2■ 仕　訳

仕訳は次の手順で行う。なお，そのさい会社の立場に立って行う。

仕　訳

① 「何が」「いくら」増えたり減ったりしたか考える。
② それは取引要素の増減または発生でいえば次のどれにあたるのか考える。

資 産 の 増 加	資 産 の 減 少
負 債 の 減 少	負 債 の 増 加
純資産の減少	純資産の増加
費 用 の 発 生	収 益 の 発 生

③ それは借方に記入するのか，貸方に記入するのか（「勘定へ記入するときのルール」にもとづき）考える。
④ 仕訳として表示する。

例題… 1

exercise

次の取引の仕訳を示しなさい。

　4月1日　実教太郎は現金 ¥100 を出資し，実教商事株式会社を設立した②。

② ここでは株式の発行は省略している。株式の発行については p.164 で学習する。

------ **POINT** ------

- ・会社の設立にあたり出資者（株主）から受け入れた現金などは，会社が事業を行うにあたっての資金（元手）になる。簿記ではこれを資本金勘定で処理する。
- ・仕訳は「会社にとって何が増えたり減ったりしたか」を考えて行う。この問題では実教商事にとって何が増減したか考える。

p.21 の「仕訳」の手順にそって解答すれば次のようになる。

① 何がいくら，増減したか？ → 現金 が ¥100 増加した
↓
② それは取引要素でいうと？ → 資産の増加
↓
③ 資産の増加は借方・貸方のどちらに記入する？ → 借方
④ 仕訳として表示する

（借方） 現 金 100

① 他にも何か増減したか？ → 資本金 が ¥100 増加した
↓
② それは取引要素でいうと？ → 純資産の増加
↓
③ 純資産の増加は借方・貸方のどちら に記入する？ → 貸方
④ 仕訳として表示する

（貸方） 資本金 100

以上を整理すると仕訳は次のようになる。

4／1 （借方） 現 金 100 （貸方） 資本金 100

【読み方】 4月1日，借方，現金 100，貸方，資本金 100

仕訳の書き方のいろいろ！

仕訳をしたとき，勘定科目の前に（借方）とか，（貸方）と書くのは面倒なので，単に（借），（貸）と書くことが多い。さらに省略して次のように書くこともある。

- 4/1 （現　金） *100* 　　（資本金） *100*
- 4/1 　現　金　 *100* 　/　資本金　 *100*
- 4/1 　現　金　 *100* 　　資本金　 *100*

例題… 2 exercise

次の取引の仕訳を示しなさい。

1. 現金 *¥1,000* を出資し，深谷商事株式会社を設立した。

2. 商品 *¥50* を仕入れ，代金は掛けとした。

3. 原価 *¥20* の商品を *¥25* で売り渡し，代金は掛けとした。

4. 商品 *¥30* を仕入れ，代金のうち *¥10* は現金で支払い，残額は掛けとした。

5. 銀行から *¥500* を借り入れ，利息 *¥10* を差し引かれて，残額を現金で受け取った。

6. 買掛金 *¥70* を現金で支払った。

7. 売掛金 *¥25* を現金で受け取った。

8. 本月分の家賃 *¥30* を現金で支払った。

9. 商品売買の仲介を行い，手数料 *¥5* を現金で受け取った。

解説・解答 ｜ explanation / answer

1. 例題1参照

　（借）現　金　 *1,000* 　　（貸）資本金　 *1,000*

2.

········· **簿記実況中継** ·········

先生	最初に確認しておきましょう。仕訳をするときに大切なことは，会社にとって何が増えたか，減ったかを考えることでしたね。それでは，まず何が増えたり減ったりしましたか？
美咲さん	商品が *¥50* 増えました。
先生	そうです。 商品は資産・負債・純資産のどれでしたか？
美咲さん	資産です。
先生	「資産の増加」は借方・貸方のどちらに記入しますか？
美咲さん	借方です。「勘定へ記入するときのルール」で学習しました。（p.20）

先生	そのとおりです。そこでまず「借方　商品50」と書きます。
美咲さん	先生，借方といってもどこに書けばよいのですか?
先生	いわゆる左側に書けばよいと考えましょう。 さて，他にも何か増えたり減ったりしましたか?
美咲さん	ウーン！　わかりません。
先生	それでは，問題に出てくる「掛け」が何であるかわかりますか?
美咲さん	「仕入れた」ときの「掛け」だから，買掛金です。
先生	そう，あとで現金を支払う債務のことです。 その債務（つまり買掛金）が増えるね。 買掛金の増加は借方・貸方のどちらに書きますか?
美咲さん	負債の増加ですから貸方です。
先生	そのとおりです。そこで答えは，「借方　商品50， 貸方　買掛金50」となります。

（借）商　　　品　*50*　　（貸）買　掛　金　*50*

3．・商品（資産）が¥20減少する→資産の減少は貸方に記入する

（貸）商　　　品　*20*

　・売掛金（あとで現金を受け取る債権：資産）が¥25増加する
　　→資産の増加は借方に記入する

（借）売　掛　金　*25*

　・¥20の商品を¥25で売ったことで，商品販売益（収益）が¥5発生する→収益の発生は貸方に記入する

（貸）商品販売益　*5*

（借）売　掛　金　*25*　　（貸）商　　　品　*20*
　　　　　　　　　　　　　　商品販売益　*5*

4．・商品が¥30増加する　　　（借）商　　　品　*30*

　・現金（資産）が¥10減少する　　　　　（貸）現　　　金　*10*

　・買掛金（負債）が¥20増加する→負債の増加は貸方に記入する

（貸）買　掛　金　*20*

（借）商　　　品　*30*　　（貸）現　　　金　*10*
　　　　　　　　　　　　　　買　掛　金　*20*

5．・現金が¥490増加する　　　（借）現　　　金　*490*

　・借入金（あとで現金を支払う債務：負債）が¥500増加する

（貸）借　入　金　*500*

　・「利息を差し引かれ」は，「利息を支払った」ということであり，支払利息（費用）で処理する→費用の発生は借方に記入する

$$（借）支払利息　10$$

$$（借）現　　金　490　（貸）借入金　500$$

$$支払利息　10$$

6. ・買掛金が¥70減少する→負債の減少は借方に記入する

$$（借）買掛金　70$$

・現金が¥70減少する　　　　　　　　　　（貸）現　　金　70

$$（借）買　掛　金　70　（貸）現　　金　70$$

7. ・売掛金が¥25減少する　　　　　　　　　（貸）売掛金　25

・現金が¥25増加する　（借）現　　金　25

$$（借）現　　金　25　（貸）売　掛　金　25$$

8. ・「家賃を支払った」は支払家賃（費用）で処理する

$$（借）支払家賃　30$$

・現金が¥30減少する　　　　　　　　　　（貸）現　　金　30

$$（借）支払家賃　30　（貸）現　　金　30$$

9. ・現金が¥5増加する　（借）現　　金　5

・「手数料を受け取った」は受取手数料（収益）で処理する→収益の
発生は貸方に記入する　　　　　　　　（貸）受取手数料　5

$$（借）現　　金　5　（貸）受取手数料　5$$

解法のテクニック

・問題に**家賃**・**地代**・**手数料**・**利息**のことばが出てきたら，それらの頭に
「支払」または「受取」を付ける（例題2の5，8，9参照）
・問題に**掛け**ということばが出てきたら，もし商品を仕入れたときの掛け
なら買掛金（例題2の2，4），商品を売り渡したときの掛けなら売掛
金（例題2の3）と覚える。

3 　転　記

　すでに学習したように，仕訳を総勘定元帳（元帳）の各勘定口座に書き移
すことを**転記**という。

---転記のルール---

1. 仕訳の借方の金額は，仕訳と同じ勘定口座の借方に記入する。

2. 仕訳の貸方の金額は，仕訳と同じ勘定口座の貸方に記入する。

　そのさい，①日付　②（摘要欄に）相手勘定科目　③金額を記入する。
なお，相手勘定科目が2つ以上あるときは**諸口**と記入する。

例題… 3

次の取引の仕訳を示し，勘定口座へ転記しなさい。

4月18日　実教商事(株)は銀行から現金 ¥500 を借り入れた。

解説・解答 | explanation / answer

〔仕訳〕　4/18　(借) 現　　金　500　　(貸) 借 入 金　500

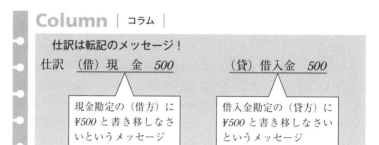

Column │ コラム │

仕訳は転記のメッセージ！

仕訳　(借) 現　金　500　　　(貸) 借入金　500

現金勘定の（借方）に ¥500 と書き移しなさいというメッセージ

借入金勘定の（貸方）に ¥500 と書き移しなさいというメッセージ

〔転記〕

① 「(借) 現金 500」を転記する。

現金勘定の借方に，日付・相手勘定科目・金額を記入する。

現　　金

4/18　借 入 金　500

日付　相手勘定科目　金額

② 「(貸) 借入金 500」を転記する。

借入金勘定の貸方に，日付・相手勘定科目・金額を記入する。

借 入 金

4/18　現　　金　500

●覚えよう

相手勘定科目とは？

借方の勘定科目を転記するときは貸方の勘定科目を，貸方の勘定科目を転記するときは借方の勘定科目をそれぞれ相手勘定科目という。

この例題3では，借方の現金を転記するときは，「借入金」が相手勘定科目になり，貸方の借入金を転記するときは「現金」が相手勘定科目になる。

例題… 4

次の取引の仕訳を示し，勘定口座へ転記しなさい。

5月1日　福岡商事(株)は原価 ¥100 の商品を ¥130 で売り上げ，代金は現金で受け取った。

解説・解答 | explanation / answer

〔仕訳〕　5/1　(借) 現　　金　130　　(貸) 商　　　品　100
　　　　　　　　　　　　　　　　　　　　商品販売益　　30

〔転記〕

現　　金				商　　品			
5／1 諸口 *130*					5／1 現金 *100*		

			商品販売益			
				5／1 現金 *30*		

相手勘定科目が2つ以上
あるときは諸口と書く

● 覚えよう

諸口について
例題4では，借方の現金を転記するとき，相手勘定科目は「商品」と「商品販売益」の2つになる。このようなときは勘定科目は2つ書かずに諸口と書く。

4　仕訳帳と総勘定元帳

（1）　仕訳帳

　簿記では取引が発生すると，その取引を仕訳し，勘定口座に転記する。この仕訳を記入する帳簿を仕訳帳という。仕訳帳は，すべての取引を発生順に記入するため，企業の営業活動を一覧することができる。また，取引は仕訳帳からそれぞれの勘定口座に転記されるので，転記もれや誤りを防ぐことができる。

仕　訳　帳　　　1

01　年		摘　　　　要	元丁	借　方	貸　方
4	1	（現　　金）		20	
		（借　入　金）			20
		千葉経済銀行			
	15	（商　品）　　諸　口		50	
		（現　　金）			30
		（買　掛　金）			20
		川越商店			
	21	諸　口　　　諸　口			
		（現　　金）		50	
		（売　掛　金）		10	
		（商　　品）			40
		（商品販売益）			20
		坂戸商店			

※仕訳帳について

　　小書き　仕訳の次の行に取引の内容を簡単に記入する。これを小書きという。

　　元丁欄　仕訳帳から総勘定元帳へ転記したとき，転記が済んだことを記録するため総勘定元帳の丁数（ページ数）を書く。元丁欄にページ数が書かれていれば，この勘定は転記済みということになる。

（2）　総勘定元帳

　すべての勘定口座が設けられている帳簿を総勘定元帳（または**元帳**）という。総勘定元帳は，勘定ごとにその金額の増減を記録・計算する帳簿であ

● 覚えよう

元帳とは？
帳簿の中には，仕訳帳のように仕訳しか書かない帳簿と，勘定ごと・商品の種類ごと・得意先ごとに分けて書く帳簿がある。このような帳簿を元帳という。

① 勘定口座の形式には標準式と残高式の2つがある（p.19参照）。

② 「主要簿と補助簿」（p.36）を参照。

る①。

　仕訳帳と総勘定元帳にはすべての取引が記録されるため，複式簿記にとって欠くことのできない大切な帳簿であり，主要簿ともいわれる②。

例題… 5   exercise

　次の仕訳帳から，総勘定元帳の現金勘定および商品勘定に転記しなさい。なお，勘定口座の形式は残高式である。

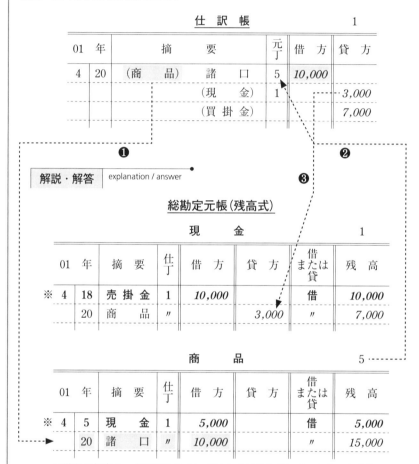

仕　訳　帳　　　1

01	年	摘　　要	元丁	借　方	貸　方
4	20	（商　品）　諸　口	5	*10,000*	
		（現　　金）	1		*3,000*
		（買　掛　金）			*7,000*

❶　　　　　　　　　❷

❸

解説・解答　explanation / answer

総勘定元帳（残高式）

現　　金　　　1

01	年	摘　要	仕丁	借　方	貸　方	借または貸	残　高
※ 4	18	売　掛　金	1	*10,000*		借	*10,000*
	20	商　品	〃		*3,000*	〃	*7,000*

商　　品　　　5

01	年	摘　要	仕丁	借　方	貸　方	借または貸	残　高
※ 4	5	現　金	1	*5,000*		借	*5,000*
	20	諸　口	〃	*10,000*		〃	*15,000*

※学習の便宜上，太字部分についてはすでに記入されていたものとする。

転記の手順

1.「（借）商品 *10,000*」を商品勘定の借方に記入する（❶）。（p.25「転記のルール」参照）

　　・摘要欄には相手勘定科目を記入する。

　　・仕丁欄には仕訳帳の丁数（ページ数）を記入する。

2.仕訳帳の元丁欄に転記済みを示すため，総勘定元帳の丁数を記入する（❷）。

3.「（貸）現金 *3,000*」を現金勘定の貸方に記入する（❸）。

4.「（貸）買掛金 *7,000*」を買掛金勘定の貸方に記入する（省略）。

運動会の玉入れを思い出してみよう。終了のホイッスルが鳴って，入った玉の数のカウントが始まる。1つ，2つと紅白の玉を投げていくと，どちらかが先に底をつく。このように，一方がゼロになったときに相手に残っている玉の数を残高という。もし赤のかごに5個残っていれば，残高は「赤に5個」ということになる。

勘定残高も同じように考えることができる。

右図の現金勘定の両サイドから¥10を差し引くと，貸方がゼロになり，借方には¥20が残る。この¥20が残高であり，残高は「借方に¥20」となる。

▨の部分が残高である。

現 金	
30	10

現 金	
30	10
	20

解法のテクニック
残高とは？
「残高は多い方から少ない方を差し引いた差額のことで，多い方に生じる」と覚える。

〔例〕各勘定の残高を答えなさい。

A		B		C	
20	60	30	30	80	

〔例〕の答え
　A勘定　貸方に¥40
　B勘定　ゼロ
　C勘定　借方に¥80
このように，残高は「借方（または貸方）にいくら」と答える。

〔残高欄の記入について〕

残高式の総勘定元帳の残高欄は次のように記入する。

・借方に残高があるとき（¥10,000），借方の金額¥20,000は加算し，貸方の金額¥3,000は減算する。

現　金　　　　　1

01年		摘　要	仕丁	借　方	貸　方	借または貸	残　高	
6	15	売掛金	1	10,000		借	10,000	
	18	諸　口	〃	20,000		〃	30,000	← 10,000 ＋20,000
	20	給　料	〃		3,000	〃	27,000	← 30,000－3,000

・貸方に残高があるとき（¥15,000），貸方の金額は加算し，借方の金額¥10,000は減算する。

買　掛　金　　　　　5

01年		摘　要	仕丁	借　方	貸　方	借または貸	残　高	
6	5	商　品	1		15,000	貸	15,000	
	20	現　金	〃	10,000		〃	5,000	← 15,000－10,000

第 **7** 節　試算表

1 試算表とは

　すでに学習したように，取引を仕訳したとき，借方と貸方の合計金額は等しい[1]。したがって，仕訳帳から総勘定元帳へ転記が正しく行われていれば，すべての勘定の借方合計と貸方合計は等しく，残高についても，その借方合計と貸方合計は等しい。

① 貸借平均の原理(p.21)

〔仕訳〕

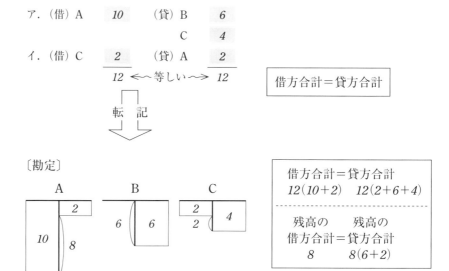

　試算表は，このような簿記の特徴（貸借平均の原理）を利用して，総勘定元帳に記入されている勘定科目とその金額を，1つの表にまとめたものであり，仕訳帳から総勘定元帳への転記が正しく行われているかどうかを確かめるために作られる。

　試算表には，**合計試算表，残高試算表，合計残高試算表**の3つの種類がある。

　合 計 試 算 表　それぞれの勘定口座の借方合計と貸方合計を1つの表にまとめたものである。合計試算表の借方と貸方の合計額は一致するとともに，その合計額は仕訳帳の合計額と等しい。

　残 高 試 算 表　それぞれの勘定口座の残高を1つの表にまとめたものである。残高試算表の借方と貸方の合計額は一致する。

　合計残高試算表　合計試算表と残高試算表を1つの表にまとめたものである。

2 試算表の作成目的

合計試算表からは，その期間にどれほどの取引があったかという取引総額を知ることができる。また，残高試算表からは，その期間の財政状態や経営成績の概要を知ることができる。そのため，経営者は月ごとに試算表を作成し，経営管理に役立つ情報を入手しようとする。

このように，試算表には総勘定元帳の記入が正確に行われているかどうかを確かめる働きの他に，経営管理という大切な働きがある。そのため，実務では月ごとに試算表を作る。

Column │ コラム │

試算表はいつ作られる？

決算のときは必ず作られるが，実務では経営管理目的から毎月作るのが一般である。これを月次試算表という。なお，その他にも必要に応じて作られる。

例題… 1 　　　　　　　　　　　　　　　　　　　　exercise

次の勘定記入から，合計試算表，残高試算表，合計残高試算表を作成しなさい。

現　　　金　　1	
172	*80*
40	*53*
50	*20*

売　掛　金　　2	
50	*50*
75	

商　　　品　　3	
80	*40*
120	*60*

買　掛　金　　4	
20	*120*

借　入　金　　5	
40	*40*

資　本　金　　6	
	100

繰越利益剰余金　7	
	72

商品販売益　　8	
	10
	15

支　払　利　息　9	
13	

合計試算表

合計試算表

〇年〇月〇日

借　方	元丁	勘定科目 ①	貸　方
262	1	現　　金	153
125	2	売　掛　金	50
200	3	商　　品	100
20	4	買　掛　金	120
③ 40 ②5		借　入　金	40 ④
	6	資　本　金	100
	7	繰越利益剰余金	72
	8	商品販売益	25
13	9	支　払　利　息	
660 ⑤			660

1. 勘定科目欄に総勘定元帳の勘定科目（①），元丁欄に勘定口座のページ数（②）をそれぞれ記入する。

2. 総勘定元帳の各勘定の借方合計を借方欄（③），貸方合計を貸方欄（④）に記入する。

3. 借方欄と貸方欄の合計額を記入し，両者が一致することを確認する（⑤）。

残高試算表

残高試算表

〇年〇月〇日

借　方	元丁	勘定科目 ①	貸　方
109	1	現　　金	
75	2	売　掛　金	
100	3	商　　品	
	4	買　掛　金	100
	6	資　本　金	100
	7	繰越利益剰余金	72
	8	商品販売益	25
13	9	支　払　利　息	
297 ②			297

1. 勘定ごとに残高を計算し，試算表に記入する（①）。

　　－例－

　　　現金

	80
172	53
40	20
50	

　　　　109 ←残高は借方に¥109である。

2. 借方欄と貸方欄の合計額を記入し，両者が一致することを確認する
　（②）。

合計残高試算表

合計残高試算表
○年○月○日

借　　方		元丁	勘定科目	貸　　方	
残高	合計			合計	残高
109	262	1	① 現　　　金	153	
75	125	2	売　掛　金	50	
100	200	3	商　　　品	100	
	20	4	買　掛　金	120	100
	40	5	借　入　金	40	
		6	資　本　金	100	100
		7	繰越利益剰余金	72	72
		8	商品販売益	25	25
13	13	9	支　払　利　息		
297	660			660	297

Ａ············②············Ａ

1. 合計試算表を作成する（①）。
2. 残高試算表を作成する（②）。

第**2**章 諸取引の記帳

第**1**節 現金・預金取引

②は「他人振出し」という
ことばがキーワードであ
る。
他人振出しの小切手は現金
として処理するが，**自社が
振り出した小切手**を受け
取ったときは，現金として
処理しない（p.114 参照）。

1 現 金

簿記上，現金として扱われるものには次のようなものがある。

① 通 貨

② 他人振出しの小切手

③ 送金小切手

④ 郵便為替 証 書
_{ゆうびんかわせしょうしょ}

⑤ 配当金 領 収 証（郵便振替支 払 通知書）
_{はいとうきんりょうしゅうしょう　ゆうびんふりかえ し はらいつう ち しょ}

上記②～⑤は，銀行や郵便局などですぐに通貨と交換できるので，簿記で
は現金として扱う。

【参考】

他人振出しの小切手

小切手は，銀行に当座預金口座をもつ人や企業が振り出すもので，振出人
が銀行に「小切手の持参人に現金を支払ってください」と支払いを依頼する
証券のことである。小切手を受け取った人が指定の銀行に持ち込み，現金を
受け取る。呈示期間は振出日を含めて 11 日間である。

なお，詳しくは p.40 で学習する。

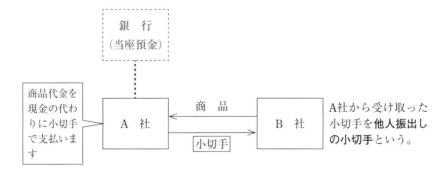

送金小切手／郵便為替証書

金銭を遠隔地の受取人に送付したいときに，現金に代えて受取人に送付す
る小切手である。一般に銀行に預金口座を持っていない受取人に送付すると
きに利用される。p.40 で学習する小切手は当座預金口座をもつ企業が振り
出すのに対して，送金小切手は銀行が振り出す。

その仕組みは次のとおりである。

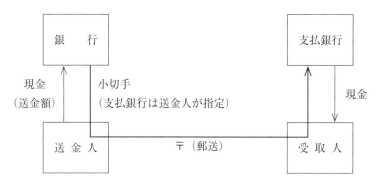

　なお，送金小切手に相当するものが，ゆうちょ銀行の**郵便為替証書**（普通
為替証書や定額為替証書）である。

配当金領収証

　株式会社は，利益をあげたときにその一部を出資者（株主）に分配する。
これが配当金である。配当金の支払いは配当金領収証（または郵便振替支払
通知書）の送付によって行われる[1]。配当金領収証を受け取った株主は銀行
や郵便局ですぐに現金と交換することができる。

〈株主はどのようにして配当金を受け取るか?〉

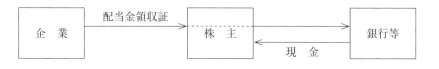

[1]　配当金の受取りに関する取引は全経簿記2級の出題範囲である。

例題… 1
　　　　　　　　　　　　　　　　　　　　　exercise

　徳島商事(株)の次の取引の仕訳を示しなさい。

(1)　愛媛商店より売掛金の回収として送金小切手 ¥150,000 を受け
　　　取った。

(2)　香川商店に商品 ¥200,000（原価 ¥170,000）を売り渡し，代金のう
　　　ち ¥50,000 は同店振出しの小切手で受け取り，残額は掛けとした。

(3)　高知商店より商品 ¥80,000 を仕入れ，代金のうち ¥50,000 は香川
　　　商店から受け取った小切手で支払い，残額は現金で支払った。

解答 answer

(1)　（借）現　　　　金　150,000　　（貸）売　掛　金　150,000
(2)　（借）現　　　　金　 50,000　　（貸）商　　　　品　170,000
　　　　　 売　掛　金　150,000　　　　　商品販売益　 30,000
(3)　（借）商　　　　品　 80,000　　（貸）現　　　　金　 80,000

解き方 how to solve

(2)　文中の「同店」とは「香川商店」のことで，このような小切手を「他
　　　人振出しの小切手」という。

■現金出納帳

　現金の収入や支出をともなう取引は，総勘定元帳の現金勘定に記録されるが，その他にも収入と支出の明細を明らかにするために**現金出納帳**という帳簿にも記入する。現金出納帳は現金勘定の記録を補助するための帳簿であり，補助簿という。

■主要簿と補助簿

　これまでに2つの帳簿について学習した。仕訳を記入する仕訳帳と，すべての勘定口座を集めた総勘定元帳である。この2つの帳簿にはすべての取引が記入され，簿記の仕組みのうえでは欠くことのできない帳簿であることから**主要簿**といわれる。しかし，企業の帳簿にはこの2つの他にも，特定の取引や特定の勘定の明細を記入する帳簿がある。この帳簿を**補助簿**という。補助簿は，特定の取引についての明細を発生順に記入する**補助記入帳**と，特定の勘定について商店別などに記入する**補助元帳**に分けることができる。

　企業の帳簿には次のようなものがある。なお，補助簿については本章でそのつど学習する。

①は全経簿記の「基礎簿記会計」，②・③は同2級の出題範囲である。

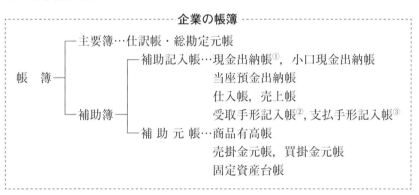

────── 企業の帳簿 ──────

帳簿 ┬ 主要簿…仕訳帳・総勘定元帳
　　　│　　　　　┌ 補助記入帳…現金出納帳①，小口現金出納帳
　　　│　　　　　│　　　　　　　当座預金出納帳
　　　└ 補助簿 ┤　　　　　　　仕入帳，売上帳
　　　　　　　　│　　　　　　　受取手形記入帳②，支払手形記入帳③
　　　　　　　　└ 補助元帳…商品有高帳
　　　　　　　　　　　　　　　売掛金元帳，買掛金元帳
　　　　　　　　　　　　　　　固定資産台帳

例題… 2　　　　　　　　　　　　　　　　　exercise

　次の取引の仕訳を示し，現金勘定に転記するとともに現金出納帳に記入し，現金出納帳を締め切りなさい。なお，現金の前月繰越額は¥80,000である。

　　6月5日　高松商店から売掛金¥120,000を現金で受け取った。

　　　12日　松山商店に原価¥50,000の商品を¥64,000で売り渡し，代金として同店振出しの小切手を受け取った。

　　　20日　店舗の7月分家賃¥50,000を実教不動産に現金で支払った。

解答｜answer

〔仕訳〕

6/5	（借）現	金	120,000	（貸）売　掛　金			120,000
12	（借）現	金	64,000	（貸）商		品	50,000
				商品販売益			14,000
20	（借）支 払 家 賃		50,000	（貸）現		金	50,000

〔総勘定元帳〕

現　金

6/1	前月繰越	*80,000*	6/20	支払家賃	*50,000*
5	売　掛　金	*120,000*	30	次月繰越	*214,000* ❶
12	諸　　口	*64,000*			❷
		264,000			*264,000* ❷
❸ 7/1	前月繰越	*214,000*			

〔現金出納帳〕

現金出納帳

01年		摘　　　　　要	収　入	支　出	残　高
6	1	前月繰越	*80,000*		*80,000*
	5	売掛金回収，高松商店	*120,000*		*200,000*
	12	商品売上げ，松山商店	*64,000*		*264,000*
	20	7月分家賃支払い　実教不動産		*50,000*	*214,000*
	30	**次月繰越**		***214,000***	
			264,000	*264,000*	
7	1	前月繰越	*214,000*		*214,000*

解き方 | how to solve ●

〈現金勘定の締切り方〉

```
---------- 資産・負債・純資産の勘定は次のように締め切る ----------
❶ 合計金額の多い側から少ない側を差し引き，少ない側に，日付，次
   月繰越①，金額（差額）を書く。
❷ 借方と貸方の同じ行に合計線（単線）を引き，合計額を記入した下に，
   締切線（二重線）を引く。
❸ 次月繰越を記入した反対側に，日付，前月繰越，金額（繰越額）を
   記入する。
   なお，❶を繰越記入，❸を開始記入という。
```

〈現金出納帳の締切り方〉

　現金勘定に準じて締め切る。なお，現金出納帳など補助簿は，一般に
月ごとに締め切るので，締め切るときは「次月繰越」，開始記入は「前
月繰越」と記入する。

① 現金勘定など，総勘定
元帳の勘定は，決算ごとに
締め切るので前期繰越，次
期繰越として締め切る。な
お，ここでは，便宜的に前
月繰越，次月繰越としてい
る。

■2■ 現金過不足

　現金勘定や現金出納帳の残高（**帳簿残高**）と現金の**実際有高**（手許有高と
もいう）は当然一致しなければならないが，記帳もれや現金の紛失などによ
り一致しないことが判明したときは，帳簿残高が実際有高に合うように修正
する。このとき，現金の過不足額は一時的に**現金過不足勘定**で処理する。

具体的には，現金が不足したとき（実際有高 ¥90＜帳簿残高 ¥100）は，現金勘定の ¥100 を実際有高の ¥90 に合わせるため，現金勘定の貸方に不足額の ¥10 を記入するとともに，現金過不足勘定の借方に ¥10 を記入する。

反対に，現金が過剰のとき（実際有高 ¥105＞帳簿残高 ¥100）は，現金勘定の ¥100 を実際有高の ¥105 に合わせるため，現金勘定の借方に ¥5 を記入するとともに，現金過不足勘定の貸方に ¥5 を記入する。

なお，後日に過不足の原因が判明したときは，現金過不足勘定から該当する勘定に振り替える①。

① ある勘定の金額を他の勘定へ書き移すこと。振替については，p.102 で詳しく学習する。

現金過不足	
現金不足	現金過剰

仕 訳

・現金過不足が発生した。

【現金不足（実際有高＜帳簿残高）】

（借）現金過不足 ×× （貸）現 金 ××

【現金過剰（実際有高＞帳簿残高）】

（借）現 金 ×× （貸）現金過不足 ××

・原因が判明した。

【通信費の記帳もれ】

（借）通 信 費 ×× （貸）現金過不足 ××

【受取利息の記帳もれ】

（借）現金過不足 ×× （貸）受 取 利 息 ××

例題… 3 exercise

次の取引の仕訳を示しなさい。

9 月 9 日 現金の帳簿残高は ¥1,000，実際有高は ¥900 であった。なお，過不足の原因は不明である。

解法のテクニック
実際有高に合わせるためには，現金を増やす仕訳をすればいいのか？ 減らす仕訳をすればいいのか？ を考える。

解答 answer

（借）現金過不足 100 （貸）現 金 100

例題… 4 exercise

次の取引の仕訳を示しなさい。

10 月 10 日 現金の帳簿残高は ¥1,000，実際有高は ¥1,200 であった。なお，過不足の原因は不明である。

解答 answer

（借）現 金 200 （貸）現金過不足 200

例題… 5

次の取引の仕訳を示しなさい。

9月10日　9月9日の現金不足額 ¥100 のうち ¥70 は通信費の記入もれであることがわかった。

解答 | answer

（借）通　信　費　70　（貸）現金過不足　70

解き方 | how to solve

・「9月9日の現金不足額」より，現金過不足勘定の借方に不足額 ¥100 が記帳されている。

・「通信費の記入もれであることがわかった」より，現金過不足勘定から ¥70 を通信費勘定に振り替える。

<pre>
   現金過不足   通信費
  ┌─────┬─────┐   ┌─────┐
  │ 100 │ 70 │ →   │ 70 │
  └─────┴─────┘   └─────┘
</pre>

解法のテクニック

次のように機械的に仕訳してもよい

1. 「通信費の記入もれ」から，通信費（費用）の仕訳をする。つまり，（借）通信費とする。

2. 反対側の勘定科目は現金過不足となる。

例題… 6

次の取引の仕訳を示しなさい。

10月12日　10月10日の現金過剰額 ¥200 は，受取利息の未記帳であることがわかった。

解答 | answer

（借）現金過不足　200　（貸）受　取　利　息　200

解き方 | how to solve

・「現金過剰額 ¥200」から，現金過不足勘定の貸方に ¥200 が記帳されている。

・現金過不足勘定から受取利息勘定に振り替える。

<pre>
   受取利息   現金過不足
  ┌─────┐   ┌─────┬─────┐
  │ 200 │   ←   │ 200 │ 200 │
  └─────┘   └─────┴─────┘
</pre>

解法のテクニック

1. 「受取利息の未記帳」から，受取利息（収益）の仕訳をする。つまり，（貸）受取利息とする。

2. 反対側の勘定科目は現金過不足となる。

　このように，現金過不足勘定は現金の帳簿残高と実際有高が合わないとき，一時的に記録しておくために設けたものである[①]。このような勘定を**仮勘定**という。

① 資産，負債，純資産，収益，費用のいずれの勘定にも属さない。

■3 当座預金

当座預金は，企業が日常の運転資金をひんぱんに出し入れするのに利用する預金で，次のような特徴をもつ。

1. 利息が付かない。
2. 引出しには小切手を用いる。

簿記では，当座預金の増減は**当座預金勘定**（資産）で処理する。

・現金の預入れ
・他人振出しの小切手の預入れ
・当座預金口座への振込み
⇒

当座預金

| 預入額 | 引出額 |

⇐
・小切手の振出し
・当座預金口座からの引落し

・当座預金に現金等を預け入れた。／当座預金口座への振込みがあった。

（借）当座預金　××　　（貸）○ ○ ○　××
　　　　　―資産―

・小切手を振り出した。／当座預金口座からの引落しがあった。

（借）○ ○ ○　××　　（貸）当座預金　××

【参考】 小切手を振り出すとなぜ当座預金が減少するのか？

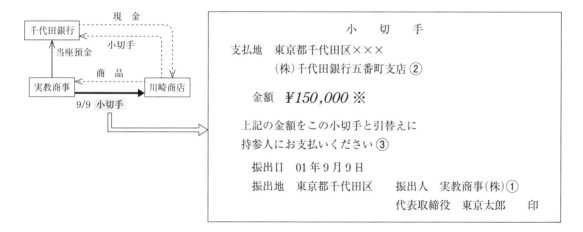

上記小切手は，千代田銀行五番町支店に当座預金口座をもつ実教商事(株)が，商品の仕入代金の支払いのために，川崎商店に振り出したものである。

小切手は，実教商事(株)（①）が千代田銀行五番町支店（②）に，「小切手と引替えに持参人（ここでは川崎商店）に¥150,000を（当座預金から）お支払いください」（③）とお願いするものである。

そこで，簿記では小切手を振り出したとき，当座預金の減少という仕訳を行う。なお，小切手を受け取った川崎商店が現金化できる期間は，振出日を含めて11日間である。

次の取引の仕訳を示しなさい。

6 月 1 日　現金 ¥100,000 を当座預金に預け入れた。

　　　 3 日　小切手♯1 を振り出し，現金 ¥50,000 を引き出した。

　　　10 日　鳴門商店に対する買掛金 ¥20,000 を小切手♯2 を振り出して支払った。

　　　12 日　阿波商店に対する売掛金 ¥60,000 を，同店振出しの小切手で受け取り，ただちに当座預金に預け入れた。

　　　20 日　得意先淡路島商店より，売掛金 ¥80,000 について当座預金口座への振込みを受けた。

　　　25 日　先月分の電気料金 ¥2,000 が当座預金口座より引き落とされた。

解答 answer

6/1	（借）当 座 預 金	100,000		（貸）現　　　　金	100,000
3	（借）現　　　　金	50,000		（貸）当 座 預 金	50,000
10	（借）買　掛　金	20,000		（貸）当 座 預 金	20,000
12	（借）当 座 預 金	60,000		（貸）売　掛　金	60,000
20	（借）当 座 預 金	80,000		（貸）売　掛　金	80,000
25	（借）水 道 光 熱 費	2,000		（貸）当 座 預 金	2,000

解き方 how to solve

6/3　「現金の減少」と考えやすいので注意する。

　12　「同店」は阿波商店であるから，この小切手は**他人振出しの小切手**である。他人振出しの小切手は現金として扱うが，「ただちに当座預金に預け入れた」ときは当座預金の増加として処理する。

■**当座預金出納帳**

　小切手を振り出すときには，不渡り①を防ぐために当座預金の残高がいくらあるかを確認する必要がある。そのため，企業では当座預金の預入れや引出しの明細を記録する当座預金出納帳を設け銀行ごとに記帳する。

① p.114 参照。

例題 7 の取引を当座預金勘定に転記するとともに当座預金出納帳に記入し, 当座預金出納帳を締め切りなさい。

解答 answer

〔総勘定元帳〕

当座預金

6/1	現 金	100,000	6/3	現 金	50,000
---	12	売 掛 金	60,000	10	買 掛 金	20,000
	20	売 掛 金	80,000	25	水道光熱費	2,000

〔当座預金出納帳〕

当座預金出納帳

01年		摘　　　要	預　入	引　出	借または貸	残　高
6	1	現金預入れ	100,000		借	100,000
	3	現金引出し #1		50,000	〃	50,000
	10	買掛金支払い, 鳴門商店 #2		20,000	〃	30,000
	12	売掛金回収, 阿波商店	60,000		〃	90,000
	20	売掛金当座振込み, 淡路島商店	80,000		〃	170,000
	25	5月分電気料金　引落し		2,000	〃	168,000
	30	**次月繰越**		**168,000**		
			240,000	240,000		
7	1	前月繰越	168,000		借	168,000

▲ 知っておこう

締切りについて
当座預金出納帳も当座預金勘定の締切りとなんら変わらない。
つまり,
①借方（預入）と貸方（引出）の合計金額の少ない方に, 赤で次期繰越（補助簿の場合は月ごとに締め切ることが多いので次月繰越）と書く。
②金額の下に合計線（単線）を引く。
③合計金額を書く。
④締切線（二重線）を引く。（残高欄の下は引いても引かなくてもよい。なお, 日付の下に引くことも忘れない。）
〈参考〉現金出納帳の締切り方と同じである。

4 その他の銀行預金

　企業が利用する銀行預金には, 普通預金・当座預金の他にも**定期預金**などがある。いずれも預金名を付した勘定科目で記帳する。

次の取引の仕訳を示しなさい。

（1）　現金 ¥500,000 を定期預金に預け入れた。

（2）　定期預金 ¥1,000,000 が満期になり, 利息 ¥1,000 とともに普通預金口座へ預け入れた。

解答 answer

（1）（借）定 期 預 金　500,000　（貸）現　　　金　500,000

（2）（借）普 通 預 金　1,001,000　（貸）定 期 預 金　1,000,000
　　　　　　　　　　　　　　　　　　　　　受 取 利 息　　　1,000

■5■ 小口現金

　一般に企業では，受け取った現金や小切手は当座預金に預け入れ，仕入代金などの支払いは，小切手を振り出すことも多い。しかし，郵便切手やタクシー代などの少額の支払いのために小切手を振り出すのは不便であり，相手方にも迷惑であるから，少額の支払いのために，一定の現金をつねに手許に用意しておく必要がある。このために用意された現金を**小口現金**といい，**小口現金勘定**（資産）で処理する。

　小口現金の処理については**定額資金前渡法**（**インプレスト・システム**）という方法が用いられることがある。

　この方法は，会計係が月初め（または週の初め）に一定額を支払担当者[1]に前渡しし（❶），月末（または週の終わり）に支払担当者から支払額の報告を受ける（❸）と，支払額と同額を補給する（❹）方法である。

　この方法をとると，いつも月初め（または週の初め）には定額の資金が前渡しされていることになる。

① 用度係，小払係，小口現金係などという。

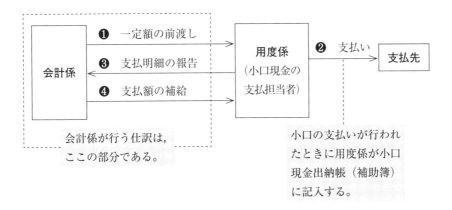

会計係が行う仕訳は，ここの部分である。

小口の支払いが行われたときに用度係が小口現金出納帳（補助簿）に記入する。

定額資金前渡法をとっている場合，会計係は次のように記帳する。

1. 一定額を前渡ししたとき（❶）

　　現金勘定と区別するために，前渡額を現金勘定（または当座預金勘定）から小口現金勘定へ振り替える。

2. 用度係から小口現金の支払明細の報告を受けたとき（❸）

　　小口現金勘定から費用の勘定へ振り替える。

3. 支払額と同額の資金を補給したとき（❹）

　　上記1.と勘定科目が同じ仕訳を行う。

仕 訳

・小口現金を前渡しした（❶）。

（借）小 口 現 金 ×× （貸）現 金 な ど ××
　　　 ─資産─

・支払明細の報告を受けた（❸）。

（借）交 通 費 ×× （貸）小 口 現 金 ××
　　　 通 信 費 ××
　　　 雑 費 ××

・小口現金を補給した（❹）。

（借）小 口 現 金 ×× （貸）現 金 な ど ××

注.　1.　仕訳を行うのは会計係であることに注意する。

　　　2.　❸と❹の取引が同時に行われたときには，次のように仕訳を
まとめてもよい。

（借）交 通 費 ×× （貸）現 金 な ど ××
　　　 通 信 費 ××
　　　 雑 費 ××

▲ 知っておこう

支払額の補給について
支払額の補給は，例題10
のように，月末に報告を受
け，月初に補給が行われる
場合と，例題11のように
月末に報告を受け，その日
に補給が行われる場合とが
ある。
日商簿記では例題10のパ
ターンが，全経簿記では例
題11のパターンが過去に
おいて多く出題されてい
る。

例題… 10

exercise

次の取引の仕訳を示しなさい。

4 月 1 日　定額資金前渡法を採用し，小口現金 ¥30,000 を小切手を振
り出して，用度係に前渡しした。

　　30 日　用度係から，4 月中の支払いについて次のような支払明細
の報告を受けた。

通信費 ¥12,000　　交通費 ¥4,000　　雑 費 ¥8,000

5 月 1 日　支払額と同額の小切手を振り出して補給した。

解答 answer

4 / 1　（借）小口現金　30,000　　（貸）当座預金　30,000

　　30　（借）通 信 費　12,000　　（貸）小口現金　24,000
　　　　　　　交 通 費　 4,000
　　　　　　　雑 費　 8,000

5 / 1　（借）小口現金　24,000　　（貸）当座預金　24,000

解き方 how to solve

4 / 1　この問題のように，用度係への資金の前渡しや補給は小切手で
行われることが多い。小切手を受け取った用度係は小切手を現
金に換えて支払いに備える。

　　30　支払明細の報告を受けたとき，費用発生の仕訳を行う。

5/1 補給額は支払額と同額であることに注意する。これが定額資金
前渡法の特徴である。

解法のテクニック

仕訳帳や総勘定元帳に記帳を行うのは会計係である。したがって，ここ
での仕訳は，会計係にとってどのような仕訳が必要かを考えて行うことが
大切である。

例題… 11 exercise

次の取引の仕訳を示しなさい。

4月30日　定額資金前渡法を採用している兵庫商事(株)は，用度係か
ら次のように支払明細の報告を受けたので，ただちに小切
手を振り出して補給した。

通 信 費 ¥2,500　　交 通 費 ¥4,800
消耗品費 ¥1,200

解答 answer

① （借）通 信 費 2,500　　（貸）小口現金 8,500
　　　交 通 費 4,800
　　　消耗品費 1,200
　（借）小口現金 8,500　　（貸）当座預金 8,500

または,

② （借）通 信 費 2,500　　（貸）当座預金 8,500
　　　交 通 費 4,800
　　　消耗品費 1,200

解き方 how to solve

・支払報告と補給が同日に行われる場合は，①，②のどちらで仕訳して
もよい。

■**小口現金出納帳**

　小口現金の受入や支払いの明細を記録するための帳簿が小口現金出納帳で
ある。小口現金の管理を担当する用度係が記帳する（p.43 図中❷）。

　例題によって小口現金出納帳の記帳法を学習する。

（1）　週末に資金の補給を受ける場合

例題… 12 exercise

　次の取引を小口現金出納帳に記入し，締切りと資金の補給に関する記入を行
いなさい。なお，週末に支払報告を行い資金の補給を受けることになっている。
また，4月3日の前週繰越は記帳済みである。

4 月 3 日（月）　郵便切手・はがき代　　¥3,500

4 日（火）　タクシー代　　　　　¥2,800

5 日（水）　お茶・コーヒー代　　¥4,000

6 日（木）　電車・バス運賃　　　¥1,600

7 日（金）　ボールペン・伝票代　¥3,500

解答 | answer

小口現金出納帳

受　入	01年		摘　　要	支　払	内　　訳				残　高
					通信費	交通費	消耗品費	雑　費	
50,000	4	3	前週繰越						50,000
		〃	郵便切手・はがき代	3,500	3,500				46,500
		4	タクシー代	2,800		2,800			43,700
		5	お茶・コーヒー代	4,000				4,000	39,700
		6	電車・バス運賃	1,600		1,600			38,100
		7	ボールペン・伝票代	3,500			3,500		34,600
①				15,400	3,500	4,400	3,500	4,000	
15,400		7	本日補給						50,000
	②	〃	**次週繰越**	50,000	③				
65,400			④	65,400	⑤				
50,000	4	10	前週繰越 ⑥						50,000

解き方 | how to solve

・支払欄に記入した金額は，内訳欄の該当する費目（費用の項目）欄にも記入する。

・資金の補給を受けたときの記入を行う（金額は支払総額 ¥15,400 である）（①）。

・小口現金出納帳を締め切る。

> **Point!** ── 小口現金出納帳も現金勘定も締切りは同じ ──
> 1. 受入欄を借方，支払欄を貸方とみなし，合計額の少ない側に赤で日付，次週繰越，差額（残高）を記入する（②）。
> 2. 金額の下に合計線を引く（③）。
> 3. 合計金額を記入する（④）。
> 4. 締切線を引く（⑤）。
> 5. 前週繰越を記入する（⑥）。

■ 確認しよう

p.37「現金勘定の締切り方」参照。

（2）　翌週の初めに資金の補給を受ける場合

例題… 13　　　　　　　　　　　　　　　　exercise

　例題 12 の取引を小口現金出納帳に記入し，締切りと資金の補給に関する記入を行いなさい。なお，週末に支払報告を行い，翌週の初めに資金の補給を受けることになっている。また，4 月 3 日の補給まで記帳済みである。

小口現金出納帳

受　入	01年		摘　　要	支　払	通信費	交通費	消耗品費	雑　費	残　高
					内　　訳				
32,400	4	3	前週繰越						32,400
17,600		〃	本日補給						50,000
		〃	郵便切手・はがき代	3,500	3,500				46,500
		4	タクシー代	2,800		2,800			43,700
		5	お茶・コーヒー代	4,000				4,000	39,700
		6	電車・バス運賃	1,600		1,600			38,100
		7	ボールペン・伝票代	3,500			3,500		34,600
				15,400	3,500	4,400	3,500	4,000	
		7	次週繰越	34,600					
50,000				50,000					
34,600	4	10	前週繰越						34,600
15,400		〃	本日補給						50,000

第 2 節　商品売買取引

1　分記法と３分法

　商品売買業における主たる営業活動は，商品の仕入れと販売である。いままでの説明では，商品を仕入れたときは**商品勘定**（資産）の借方に記入し，販売したときはその商品の原価（これを**売上原価**という）を商品勘定の貸方に記入した。そして，売価と売上原価との差額は**商品販売益勘定**（収益）の貸方に記入した。

例題… 1 　　　　　　　　　　　　　　　　　exercise

次の一連の取引の仕訳を示し，商品勘定と商品販売益勘定に転記しなさい。

(1)　商品 ¥60,000 を掛けで仕入れた。

(2)　上記商品の半分を ¥40,000 で売り上げ，代金は掛けとした。

解答 answer

〔仕訳〕

(1)　（借）商　　　品　60,000　　（貸）買　掛　金　60,000

(2)　（借）売　掛　金　40,000　　（貸）商　　　品　30,000 ← 売上原価

　　　　　　　　　　↑　　　　　　　　　商品販売益　10,000

　　　　　　　　　売価

〔転記〕

商　　　品		商品販売益	
(1)買掛金 *60,000*	(2)売掛金 *30,000*		(2)売掛金 *10,000*

　このように，商品を販売したとき，売価を原価と商品販売益に分けて記入する方法を**分記法**という。この方法によれば，商品勘定からいつでも商品の帳簿残高を知ることができる。しかし，分記法を行うためには，売上げのつど，売れた商品の原価（売上原価）を調べなければならないので，商品の種類や取引回数が多い場合は手数がかかり不便である。

　そこで実務では，商品勘定を**繰越商品勘定**（資産），**仕入勘定**（費用），**売上勘定**（収益）の3つの勘定に分けて記帳する**3分法**という方法が広く行われている。

　学習の便宜上，商品売買の記帳はこれまで分記法で行ってきたが，これからは特に指示がない場合は3分法で行う。

2　3分法による記帳

（1）　繰越商品勘定（資産）

　期末に売れ残った商品（**期末商品棚卸高**という）を記入する勘定である。したがって，期中にこの勘定に記入することはない。

（2）　仕入勘定（費用）

　仕入れに関する取引を記入する勘定である。

　商品を仕入れたときは仕入勘定の借方に記入し，**仕入戻し**（返品のこと）は貸方に記入する。なお，商品を仕入れるときにかかる，引取運賃や保険料などの費用（これを**仕入諸掛**という）は，購入代価に加算する。

仕入原価 ＝ 購入代価 ＋ 仕入諸掛

■ **確認しよう**

はじめから3分法で学習すればよかった…

①簿記を初めて学習するときには，商品は資産であるということで学習する方がわかりやすい。

②このあとも分記法の考えで仕訳を行う取引があるので，分記法を学習しておけばそのとき楽である。

などの理由で，多くの簿記書は分記法を最初に学習する。しかし，分記法から3分法に移ると，仕入勘定がどうして費用なのだろうか？　商品を仕入れたのだから仕入勘定は資産じゃないのか？　などと悩むかもしれない。

しかし，ここではあまり深く考えずに，商品を仕入れたら仕入（費用），商品を売ったら売上（収益）で仕訳するものと機械的に考えて学習を進めるのがよい。

▲ **知っておこう**

なぜ仕入戻しは仕入勘定の貸方に記入するか

仕入戻し（返品）は，仕入れそのものの取消と考えるからである。

仕　訳

・商品を掛けで仕入れた。

　　　　（借）仕　　　入　××　　（貸）買 掛 金　××
　　　　　　　　　―費用―

・上記商品を返品した。

　　　　（借）買 掛 金　××　　（貸）仕　　　入　××

・商品を掛けで仕入れた。なお，仕入諸掛は現金で支払った。

　　　　（借）仕　　　入　××　　（貸）買 掛 金　××
　　　　　　　　　↑
　　　　　　　購入代価＋仕入諸掛　　　　　現　　　金　××

例題… 2　　　　　　　　　　　　　　　　　　exercise

次の取引の仕訳を示しなさい。

　4 月 3 日　商品 ¥100 を仕入れ，代金は掛けとした。なお，引取運賃
　　　　　　　¥5 は現金で支払った。

　　　 4 日　上記商品のうち ¥20 を品質不良のため返品した。なお，代
　　　　　　　金は買掛金から差し引くことにした。

解答　answer

4／3　（借）仕　　　入　105　　（貸）買 掛 金　100
　　　　　　　　　　　　　　　　　　　現　　　金　　5

　 4　（借）買 掛 金　20　　（貸）仕　　　入　20

解き方　how to solve

・仕入諸掛は仕入勘定に加える。

・返品したときは仕入れたときの反対の仕訳になる。

（3）　売上勘定（収益）

　売上げに関する取引を記入する勘定である。

　商品を売り上げたときは売上勘定の貸方に記入し，**売上戻り**（返品のこと）
は借方に記入する。なお，商品を販売するときに生じる荷造費や発送運賃な
どの費用を支払ったときは，その費用を売手が負担する場合は**発送費勘定**
（費用）で処理する。しかし，その費用を買手が負担する場合は売掛金勘定
で処理する[1]。

　① p.66 で学習する立替
金勘定で処理することもあ
る。

売　　上

戻　り　高	
純 売 上 高	総 売 上 高

・商品を掛けで売り上げた。

　　　（借）売　掛　金　××　　（貸）売　　　上　××
　　　　　　　　　　　　　　　　　　　　　　　　―収益―

・上記商品が返品された。

　　　（借）売　　　上　××　　（貸）売　掛　金　××

・商品を掛けで売り上げた。なお，発送費は現金で支払った。

　　　（借）売　掛　金　××　　（貸）売　　　上　××
　　　　　　発　送　費　××　　　　　現　　　金　××

・商品を掛けで売り上げた。なお，先方負担の発送費は現金で支払った。

　　　（借）売　掛　金　××　　（貸）売　　　上　××
　　　　　　　　 ↑　　　　　　　　　　現　　　金　××
　　　 売上代金＋発送費

例題… 3　　　　　　　　　　　　　　　　　　　　　exercise

次の取引の仕訳を示しなさい。

6 月 6 日　商品 ¥150（10 個，売価@¥15）を売り上げ，代金は掛け
　　　　　　とした。なお，当社負担の発送運賃 ¥5 は小切手を振り出
　　　　　　して支払った。

　　　8 日　上記商品のうち 2 個が破損していたため，返品を受けた。
　　　　　　なお，代金は売掛金から差し引くことにした。

　　　12 日　商品 ¥200 を売り上げ，代金は掛けとした。なお，先方負
　　　　　　担の発送運賃 ¥10 を現金で立替えて支払った。発送費は売
　　　　　　掛金で処理する。

解答　answer

6 / 6　（借）売　掛　金　150　　（貸）売　　　上　150
　　　　　　発　送　費　　5　　　　　当座預金　　5
　　8　（借）売　　　上　 30　　（貸）売　掛　金　 30
　　12　（借）売　掛　金　210　　（貸）売　　　上　200
　　　　　　　　　　　　　　　　　　　　垷　　　金　 10

解き方　how to solve

6 / 6　当社負担の発送運賃は，発送費勘定（費用）で処理する。
　　8　返品を受けたときは売り上げたときの反対の仕訳になる。
　　12　先方（買手）負担の発送運賃は，売掛金勘定に加算する。

3　売上原価対立法による記帳

　商品売買取引の記帳には，分記法，3 分法の他にも，**売上原価対立法**があ

る。この方法では，商品を仕入れたとき，商品勘定の借方に原価で記入し（❶），商品を売り上げたとき，売上勘定の貸方に売価で記入する（❷）とともに，その原価を商品勘定から売上原価勘定（費用）に振り替える（❸）。

この方法で記帳すれば，知りたいときに帳簿上商品がどれほどあるかわかるとともに，売上勘定と売上原価（売り上げた商品の原価）勘定から売上総利益がわかるので[1]，月次決算を行うさいに有用な方法である。

① p.83参照。

仕 訳〈売上原価対立法〉

・商品を仕入れた。

    （借）商　　品　××　　（貸）○ ○ ○　××

・仕入れた商品を返品した（仕入戻し）。

    （借）○ ○ ○　××　　（貸）商　　品　××

・商品を売り上げた。

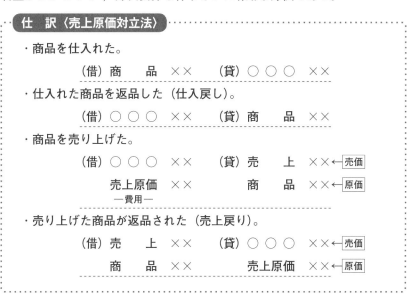

・売り上げた商品が返品された（売上戻り）。

    （借）売　　上　××　　（貸）○ ○ ○　××←売価
         商　　品　××　　　　　売上原価　××←原価

例題… 4　　　　　　　　　　　　　　　　　exercise

次の取引の仕訳を売上原価対立法により示しなさい。

（1）愛知商店から，A商品20個を @¥500 で仕入れ，代金は掛けとした。

（2）愛知商店から仕入れた上記商品のうち2個を返品した。なお，代金は同店に対する買掛金から差し引いた。

（3）三河商店に，A商品10個を @¥650 で売り渡し，代金は掛けとした。

（4）三河商店に販売した上記商品のうち1個が汚損のため返品された。なお，代金は同店に対する売掛金から差し引いた。

解答　answer

（1）（借）商　　品　*10,000*　　（貸）買　掛　金　*10,000*

（2）（借）買　掛　金　*1,000*　　（貸）商　　品　*1,000*

（3）（借）売　掛　金　*6,500*　　（貸）売　　上　*6,500*

        売上原価　*5,000*　　　　商　　品　*5,000*

(4)	（借）売　　　上	650	（貸）売　掛　金	650	
	商　　　品	500	売上原価	500	

解き方　how to solve

(1)　仕入れたときは商品勘定に原価で記入する。

(2)　仕入戻しは，仕入取引を取り消すための仕訳を行う。

(3)　販売したときは，売上勘定の貸方に売価で記入するとともに，その原価を商品勘定から売上原価勘定に振り替える。

(4)　売上戻りは，売上取引を取り消すための仕訳を行う。

■商品勘定に関する補助簿

〔仕入帳・売上帳〕

　仕入帳は仕入取引の明細を記録する帳簿であり，仕入勘定の補助簿である。同じように，売上帳は売上取引の明細を記録する帳簿で，売上勘定の補助簿である。

　仕入帳の記入例を示すと次のとおりである。

●覚えよう

仕入帳・売上帳について
①商品の仕入れや販売に関する補助簿には，仕入帳・売上帳・商品有高帳がある。
②仕入帳は仕入勘定の補助簿であるから，仕入勘定の残高と仕入帳の純仕入高は等しい。
③売上帳は売上勘定の補助簿であるから，売上勘定の残高と売上帳の純売上高は等しい。

仕　入　帳

01年	摘　　要	内　訳	金　額
7　7	熊谷商店　　　　　　掛け		1,400
	A品　10個　@¥140		
10	秩父商店　　　現金・掛け		
	B品　20個　@¥100	2,000	
	C品　10〃　　〃　150	1,500	
	引取費現金払い	100	3,600
12	**秩父商店　　　　掛け戻し**		
	B品　5個　@¥100		500
31	総　仕　入　高		5,000
〃	**仕　入　戻　し　高**		500
	純　仕　入　高		4,500

（仕入先）（代金の支払方法）（商品名・数量・単価）
総仕入高　5,000 ←（1,400＋3,600）
仕入戻しは赤で記入する

Column｜コラム

返品はどうして赤で記入するの？

　例えば現金出納帳を思い出してみよう。現金出納帳には収入欄と支出欄があり，現金の収入は収入欄に，支出は支出欄に書けばよかった。しかし，仕入帳には仕入れを書く欄はあっても返品を書く欄がない。つまり金額を記入する欄が1つしかない。このような帳簿では赤で記入することで反対取引を示す。

〔商品有高帳〕

　商品有高帳は，商品の受入，払出および残高の明細を記録する帳簿で，仕入勘定・売上勘定・繰越商品勘定の補助簿である。

商品有高帳は商品の種類ごとに，受入，払出を原価で記帳する。

したがって，商品有高帳をみれば，現在どのような商品がどれだけあるか知ることができる。

なお，商品有高帳は商品の種類ごとに記帳するが，同じ商品でも仕入単価が異なるとき，払出単価をどのように計算するかについては**先入先出法**により行う。

Point!
商品有高帳のポイントは次の2点である
①商品の種類ごとに記帳する
②単価・金額は原価で記入する
なお，商品有高帳は検定試験にしばしば出題されるのでしっかりマスターしておく。

例題… 5 ··· exercise

次の商品Aの資料にもとづいて，先入先出法によって商品有高帳に記入し，締め切りなさい。

7/1	前月繰越	20個	@¥64	7/17	仕入れ	50個	@¥50
8	仕入れ	20 〃	〃 60	25	売上げ	30 〃	〃 60
10	売上げ	30 〃	〃 70				

解答 answer

解法のテクニック
10日の@¥70，25日の@¥60はいずれも売価であることに注意する。

商品有高帳

先入先出法 　　　　　　商品A 　　　　　　（単位：円）

01年		摘　要	受　入			払　出			残　高		
			数量	単価	金額	数量	単価	金額	数量	単価	金額
7	1	前月繰越	20	64	1,280				20	64	1,280
	8	仕入れ	20	60	1,200				{20	64	1,280
									20	60	1,200
	10	売上げ				{20	64	1,280			
						10	60	600	10	60	600
	17	仕入れ	50	50	2,500				{10	60	600
									50	50	2,500
	25	売上げ				{10	60	600			
						20	50	1,000	30	50	1,500
	31	次月繰越				30	50	1,500			
			90		4,980	90		4,980			
8	1	前月繰越	30	50	1,500				30	50	1,500

■ 確認しよう
商品有高帳の締切り
小口現金出納帳（p.46）の締切りで学習したように，商品有高帳の締切りも，受入欄を借方，払出欄を貸方と考えて行うとよい。

解き方 how to solve

先入先出法は，異なる単価の商品を仕入れた場合，払出にあたり先に仕入れた商品から先に出ていくと仮定して記帳する方法である。

7/8 異なる単価の商品を仕入れたとき残高欄は次のように記入する。

【残高欄】

かっこで括る → | {20 | 64 | 1,280 | ← 先に仕入れた商品を上段に記入する。
| 20 | 60 | 1,200 | ← 今回仕入れた商品を下段に記入する。

7/10	売却にあたり，異なる単価の商品が存在するとき，払出欄は次のように記入する。

【払出欄】

かっこで括る →

	20	64	1,280	← 先に仕入れた単価¥64の商品20個が先に売れたと仮定する。
	10	60	600	← 残り10個（30−20）は後から仕入れた単価¥60の商品が売れたと仮定する。

7/17	7/8 と同じように考える。
7/25	7/10 と同じように考える。

なお，締切りは現金出納帳と同じように行う。

例題… 6　　　　　　　　　　　　　　　　　　　　　　　exercise

例題5の商品有高帳より，(1)月初商品棚卸高，(2)月末商品棚卸高，そして，7月における(3)仕入高，(4)売上高，(5)売上原価をそれぞれ計算しなさい。

解答｜answer

(1)　¥1,280　　(2)　¥1,500　　(3)　¥3,700

(4)　¥3,900　　(5)　¥3,480

解き方｜how to solve

前月繰越高
((1)月初商品棚卸高)
前の月から繰り越された商品の原価

商品有高帳

先入先出法　　　　　　　　　　商品 A　　　　　　　　　（単位：円）

01年		摘 要	受 入			払 出			残 高		
			数量	単価	金額	数量	単価	金額	数量	単価	金額
7	1	前月繰越	20	64	1,280				20	64	1,280
	8	仕 入 れ	20	60	1,200				{ 20	64	1,280
									{ 20	60	1,200
	10	売 上 げ				{ 20	64	1,280			
						{ 10	60	600	10	60	600
	17	仕 入 れ	50	50	2,500				{ 10	60	600
									{ 50	50	2,500
	25	売 上 げ				{ 10	60	600			
						{ 20	50	1,000	30	50	1,500
	31	次月繰越				30	50	1,500			
			90		4,980	90		4,980			
8	1	前月繰越	30	50	1,500				30	50	1,500

(3)仕入高
当月に仕入れた商品原価
1,200+2,500

(5)売上原価
当月に売り渡した商品の原価
1,280+600+600+1,000

次月繰越高
((2)月末商品棚卸高)
月末に残っている商品の原価

(4)売上高　10日　30個×@¥70＝¥2,100
　　　　　　25日　30個×@¥60＝¥1,800
　　　　　　　　　　　　　　　　¥3,900

掛け取引

1 売掛金と売掛金元帳，買掛金と買掛金元帳

次の取引を仕訳し，売掛金勘定に転記すると次のようになる。

　　6 月 3 日　姫路商店へ商品 ¥10,000 を売り上げ，代金は掛けとした。

　　　　6 日　西宮商店へ商品 ¥20,000 を売り上げ，代金は掛けとした。

　　　　9 日　姫路商店より売掛金 ¥5,000 を現金で回収した。

〔仕訳〕

6 / 3　（借）売掛金　10,000　　（貸）売　上　10,000

　　6　（借）売掛金　20,000　　（貸）売　上　20,000

　　9　（借）現　金　5,000　　（貸）売掛金　5,000

売　掛　金

6 / 3	売上	10,000	6 / 9　現金　5,000	
6	売上	20,000		

　このような記帳方法では，どの得意先にいくらの売掛金があるかを売掛金勘定から知ることはできない。しかし実務においては，どの商店にいくら売掛金があるかを知ることが大切である。そこで，売掛金勘定に対しては**売掛金元帳**（**得意先元帳**ともいう）という補助簿を設け，得意先ごとの売掛金の明細をあらわすようにする。

　売掛金元帳には，各商店名を勘定科目とする**人名勘定**を用い，売掛金勘定の借方に記入する金額は該当する人名勘定の借方に，売掛金勘定の貸方に記入する金額は該当する人名勘定の貸方にそれぞれ記入する。

　このように記入すると，売掛金勘定の残高は売掛金元帳の各勘定の残高の合計額と一致する。このような関係にある売掛金勘定のことを**統制勘定**という。

　なお，買掛金勘定に対しては，**買掛金元帳**（**仕入先元帳**ともいう）を設け，売掛金と同じように記帳する。

売掛金元帳や買掛金元帳は次のような残高式の帳簿が一般的に用いられる。

売掛金元帳
姫路商店

01年	摘　　要	借　方	貸　方	借または貸	残　高

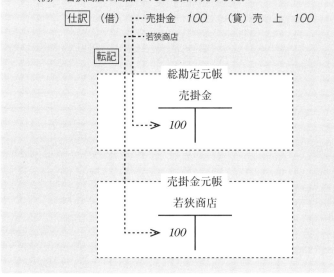

解法のテクニック

売掛金勘定と売掛金元帳に関する問題が出題されたら

・仕訳をしたときに売掛金勘定が出てきたら，売掛金勘定の下に商店名をメモ的に書き，売掛金勘定と商店名勘定の両方に転記する。

（例）　若狭商店に商品 ¥100 を掛け売りした。

仕訳　（借）…売掛金　100　（貸）売　上　100
　　　　　　　　若狭商店

転記

総勘定元帳

売掛金

⟶ 100

売掛金元帳

若狭商店

⟶ 100

例題… **1**

exercise

次の取引の仕訳を示し，買掛金勘定と買掛金元帳（残高式）に転記して，3月31日付で締め切りなさい。なお，買掛金の前月繰越額は ¥600（京都商店 ¥400，奈良商店 ¥200）である。

3月 4日　京都商店から商品 ¥150 を仕入れ，代金は掛けとした。

　　 9日　京都商店および奈良商店から商品をそれぞれ ¥100 ずつ仕入れ，代金は掛けとした。

　　15日　奈良商店から仕入れた商品のうち ¥50 を品違いのため返品した。なお，代金は同店の買掛金から差し引いた。

　　27日　京都商店に対する買掛金のうち ¥400 を小切手を振り出して支払った。

〔仕訳〕

3/4 （借）仕　　入　150　（貸）買　掛　金　150
　　　　　　　　　　　　　　　京都

9 （借）仕　　入　200　（貸）買　掛　金　200
　　　　　　　　　　　　　　　京都 100
　　　　　　　　　　　　　　　奈良 100

15 （借）買　掛　金　50　（貸）仕　　入　50
　　　　　奈良

27 （借）買　掛　金　400　（貸）当座預金　400
　　　　　京都

〔総勘定元帳〕

買　掛　金

3/15 仕　　入	50	3/1 前月繰越①	600
27 当座預金	400	4 仕　　入	150
31 **次月繰越**①	500	9 仕　　入	200
	950		950
		4/1 前月繰越	500

〔買掛金元帳〕

京都商店

01年		摘　　要	借　方	貸　方	借または貸	残　高
3	1	前月繰越		400	貸	400
	4	仕　入　れ		150	〃	550
	9	仕　入　れ		100	〃	650
	27	支　払　い	400		〃	250
	31	**次月繰越**	250			
			650	650		
4	1	前月繰越		250	貸	250

奈良商店

01年		摘　　要	借　方	貸　方	借または貸	残　高
3	1	前月繰越		200	貸	200
	9	仕　入　れ		100	〃	300
	15	返　　品	50		〃	250
	31	**次月繰越**	250			
			300	300		
4	1	前月繰越		250	貸	250

Point !

この問題のように「補助簿（買掛金元帳）にも記入しなさい」という問題では，仕訳に買掛金が出てきたら，その下に商店名をメモ書きしておき，買掛金勘定と商店名勘定の両方に転記する。

① ここでも，買掛金勘定に「前期繰越」「次期繰越」と書くべきところを，学習の便宜上，「前月繰越」「次月繰越」としている。

● **覚えよう**

買掛金勘定は摘要欄が「仕入」であるが，買掛金帳には「仕入れ」となっている。「れ」が間違いでは？
買掛金帳は補助簿である。補助簿の摘要欄には「取引の内容など」を書く。だから，「仕入れ」でよいのである。
総勘定元帳への転記は相手勘定科目を記入するので，「仕入」でなければならない。

■ **確認しよう**

1. 買掛金勘定の前月繰越¥600と等しくなる金額は買掛金元帳のどの金額か答えなさい。
2. 買掛金勘定の次月繰越¥500と等しくなる金額はどの金額か答えなさい。

【答】
1. 京都商店と奈良商店の前月繰越を加算した金額
2. 同じく両商店の次月繰越を加算した金額

〈残高欄の記入について〉

奈良商店

01年		摘　　要	借　方	貸　方	借または貸	残　高
3	1	前月繰越		200	貸	① 200
	9	仕　入　れ		② 100	〃	③ 300
	15	返　　品	④ 50		〃	250

・残高が貸方のとき（①），貸方に記入された金額（②）は加算する。

・残高が貸方のとき（③），借方に記入された金額（④）は減算する。

解法のテクニック

残高式の帳簿の締切りも勘定式の帳簿の締切りも同じ

　買掛金勘定（勘定式）を締め切るときと同じように，次の手順で締め切る。なお，下図に示したようにＴ字形を書き，Ｔ字形の勘定の締切りと比較してみるとわかりやすい。

① 合計金額の少ない方に「日付・次月繰越・残高」を記入する。

② 合計線を引き，合計額を記入し，締切線を引く。

③ ①と反対側に，「日付・前月繰越・金額」を記入する。

買　掛　金

3/15	仕　入	50	3/1	前月繰越	600
27	当座預金	400	4	仕　　入	150
①→ 31	次月繰越	500	9	仕　　入	200
		950			950 ←②
			4/1	前月繰越	500 ←③

京 都 商 店

01年		摘　要	借　方	貸　方	借または貸	残　高
3	1	前月繰越		400	貸	400
	4	仕　入　れ		150	〃	550
	9	仕　入　れ		100	〃	650
	27	支　払　い	400		〃	250
①→	31	次月繰越	250			
			650	650		←②
4	1	前月繰越		250	貸	250 ←③

第 4 節　手形取引

1　受取手形勘定と支払手形勘定

　商品を仕入れたり販売したりしたとき，その代金の決済手段として，現金・小切手の他に**約束手形**を用いることがある。簿記では，**手形債権**①の増加・減少を**受取手形勘定**（資産）で処理し，**手形債務**②の増加・減少を**支払手形勘定**（負債）で処理する。

2　約束手形

　約束手形は，**振出人**が**名あて人**③に対して，『一定の期日（支払期日）に一定の金額（手形金額）を支払います』と**約束する**証券のことである。

```
NO.3    名あて人              約束手形
          ↓
        坂戸商店殿❶      支払期日　01 年 8 月 1 日❸
                         支 払 地　埼玉県川越市
                         支払場所　国際銀行川越支店❺

        ¥100,000 ☆❷
        上記金額を…略…約束手形と引替えにお支払いいたします
                                        ❹

                01 年 5 月 1 日
                振出地　埼玉県川越市
                住　所　埼玉県川越市本町 1 丁目 2 番 3 号
        振出人 → 振出人　川　越　商　事（株）❻
                        川　越　太　郎　印
```

　この手形は，『坂戸商店殿（❶），¥100,000（❷）を 01 年 8 月 1 日（❸）に支払います（❹）。なお，支払場所は国際銀行川越支店（❺）です』と，川越商事(株)（❻）が坂戸商店に約束をしているわけで，このような証券を約束手形という。ここで，坂戸商店を名あて人（受取人でもある），川越商事を振出人という。

　約束手形の記帳関係は次のとおりである。

受取人（名あて人）

・約束手形を受け取ったとき手形債権が増加するから，受取手形勘定（資産）の借方に記入する。

・その後，期日に手形金額を受け取ったとき手形債権が減少するから，受取手形勘定の貸方に記入する。

① 手形債権とは，手形に書かれている金額を支払期日（満期）に受け取る権利のことである。

② 手形債務とは，手形に書かれている金額を支払期日（満期）に支払う義務のことである。

③ 名あて人とは，約束手形の左上に書かれている人で，振出人が呼びかけている人である。

なお，振出人は手形を振り出した人のことで，手形の一番下に書かれている。

振出人

- ・約束手形を振り出したとき手形債務が増加するから，支払手形勘定（負債）の貸方に記入する。
- ・その後，期日に手形金額を支払ったとき手形債務が減少するから，支払手形勘定の借方に記入する。

------ 受取手形と支払手形の勘定記入 ------

受取手形（資産）		支払手形（負債）	
約束手形を受け取った	手形金額を受け取った	手形金額を支払った	約束手形を振り出した

仕　訳〈約束手形について〉

- ・約束手形を受け取った。

  （借）受取手形　××　　（貸）○ ○ ○　××
  　　　―資産―

- ・手形金額を受け取った。

  （借）現金など　××　　（貸）受取手形　××

- ・約束手形を振り出した。

  （借）○ ○ ○　××　　（貸）支払手形　××
  　　　　　　　　　　　　　　―負債―

- ・手形金額を支払った。

  （借）支払手形　××　　（貸）現金など　××

例題… 1

exercise

《例題1》について
この問題の日付・企業名・金額は，p.59 の約束手形に準拠している。

次の取引について，川越商事(株)と坂戸商店の仕訳を示しなさい。

5 月 1 日　川越商事(株)は，坂戸商店から商品 ¥*100,000* を仕入れ，代金は坂戸商店あての約束手形を振り出して支払った。

8 月 1 日　期日になり，川越商事は上記手形金額を当座預金より支払ったむね，国際銀行川越支店から通知を受けた。

〃 日　期日になり，坂戸商店は上記手形金額が当座預金に入金されたむね，取引銀行から通知を受けた。

解答 | answer

5 / 1　川越商事　（借）仕　　入　*100,000*　　（貸）支払手形　*100,000*

〃　坂戸商店　（借）受取手形　*100,000*　　（貸）売　　上　*100,000*

8 / 1　川越商事　（借）支払手形　*100,000*　　（貸）当座預金　*100,000*

〃　坂戸商店　（借）当座預金　*100,000*　　（貸）受取手形　*100,000*

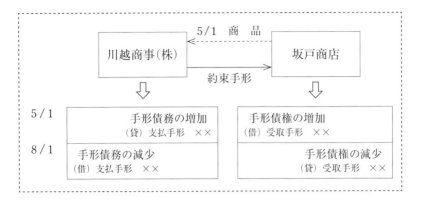

・「8/1 …川越商事は…当座預金より支払ったむね…」について

　約束手形も小切手と同じように，銀行に当座預金の口座がないと振り出すことができない。したがって，支払期日に手形金額は当座預金から支払われることになる。

・「8/1 …坂戸商店は…入金されたむね，取引銀行から通知を受けた」について

　受け取った手形の処理としては，①支払期日に現金と引き替える他に，②取立を銀行に依頼するなどがある。

　②は，支払期日になったら手形金額を取り立て，当座預金に入金してくれるように銀行に依頼することである。

　坂戸商店は取引銀行に取立依頼をしていたため，銀行から入金の通知を受けたということである。

第 5 節　その他の債権・債務の取引

1　貸付金・借入金と手形貸付金・手形借入金

　取引先などに対して，借用証書により金銭を貸し付けたとき，貸し手に生じる債権の増加・減少は**貸付金勘定**（資産）で処理し，借り手に生じる債務の増加・減少は**借入金勘定**（負債）で処理する。

　金銭の貸借のために，借用証書の代わりに約束手形を振り出すことがある。この場合には，**手形貸付金勘定**（資産）や**手形借入金勘定**（負債）で処理する。

　貸付金のうち，従業員に対するものは，取引先などに対するものと区別するため，**従業員貸付金勘定**（資産）を用いる。

▲ 知っておこう

借入金と手形借入金

一般には，仕入れなどに要する短期・少額の運転資金は約束手形を振り出して借り入れる。

それに対して，新しい機械や設備を導入するときなどに要する長期・多額の資金は借用証書によって借り入れる。

手形を用いるのは，借用証書に比べ，振出しの手続きが簡単などの理由による。

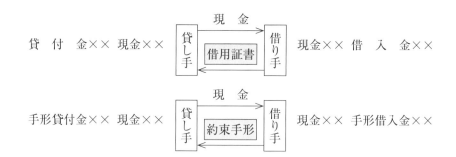

貸　付　金×× 現金×× 現　金×× 借　入　金××

手形貸付金×× 現金×× 現金×× 手形借入金××

　なお，金銭の貸借には利息の受払いがともなう。例えば，金銭を借り入れた場合，利息の支払いには(1)借入時に支払う場合と，(2)返済時に元金とともに利息を支払う場合がある。(1)の場合は，借り主は借入額から利息を差し引かれた金額を受け取る。

仕　訳

【借用証書による貸借】

・貸し付けた。

　　　　(借)貸　付　金　××　　(貸)現　金など　××
　　　　　　　─資産─

・借り入れた。

　　　　(借)現　金など　××　　(貸)借　入　金　××
　　　　　　　　　　　　　　　　　　　─負債─

【約束手形による貸借】

・貸し付けた。

　　　　(借)手形貸付金　××　　(貸)現　金など　××

・借り入れた。

　　　　(借)現　金など　××　　(貸)手形借入金　××

【利息の受払い（金銭の貸借時）】

・利息を差し引き残額を現金で渡した。

　　　　(借)貸　付　金　××　　(貸)現　　　金　××
　　　　　　　　　　　　　　　　　　受　取　利　息　××

・利息を差し引かれ残額を現金で受け取った。

　　　　(借)現　　　金　××　　(貸)借　入　金　××
　　　　　　支　払　利　息　××

例題… 1　　　　　　　　　　　　　　　　　　　　　　　exercise

次の取引の仕訳を示しなさい。

(1)　福井商事(株)は，石川商店に現金 ¥100,000 を貸し付け，借用証書を受け取った。

(2)　金沢商事(株)は，約束手形を振り出して能登銀行から ¥200,000 を借り入れ，利息 ¥8,000 を差し引かれ，手取金は現金で受け取った。

(3) 愛知商事(株)は，取引先岐阜商店の依頼により現金 ¥200,000 を貸し付け，約束手形を受け取った。なお，貸付期間は 3 か月，利率は年 3 %である。

(4) 愛知商事は，先に岐阜商店に貸し付けた ¥200,000 の返済を受け，利息とともに現金で受け取った。

| 解答 | answer |

(1) （借）貸 付 金 *100,000* （貸）現 金 *100,000*

(2) （借）現 金 *192,000* （貸）手形借入金 *200,000*
　　　　支 払 利 息 *8,000*

(3) （借）手形貸付金 *200,000* （貸）現 金 *200,000*

(4) （借）現 金 *201,500* （貸）手形貸付金 *200,000*
　　　　　　　　　　　　　　受 取 利 息 *1,500*

| 解き方 | how to solve |

(2) 借入時に利息を差し引かれる取引である。

(4) 返済時に元金と利息を受け取る取引である。

受取利息　$¥200,000 × 3\% × \dfrac{3 か月}{12 か月} = ¥1,500$

■2■ 前払金・前受金

商品を仕入れるにあたり，代金の全部またはその一部を前払いすることがある。これを内金という[1]。

簿記では，内金を支払ったとき，支払側には後日商品を受け取ることができるなどの債権が生じる。この債権の増加・減少は**前払金勘定**（資産）で処理する。そこで，内金を支払ったとき前払金勘定の借方に記入し，後日，商品を受け取ったとき貸方に記入する。

一方，内金を受け取ったとき，受取側には後日商品を引き渡すなどの債務が生じる。この債務の増加・減少は**前受金勘定**（負債）で処理する。そこで，内金を受け取ったとき前受金勘定の貸方に記入し，後日，商品を引き渡したとき借方に記入する。

[1] 内金が手付金の性格を持っている場合は，**支払手付金勘定**（資産），**受取手付金勘定**（負債）が用いられることもある。
全経簿記では支払手付金勘定，受取手付金勘定で答える出題が多い。一方，日商簿記では前払金勘定，前受金勘定で答える出題が多い。

| 仕訳なし | | 売買契約の締結 | | 仕訳なし |

代金の一部を前払
現金　¥200

前払金 *200*　現 金 *200*　　　　　　　　　現 金 *200*　前受金 *200*

商品 ¥1,000

仕入 *1,000*　前払金 *200*　　　　　　前受金 *200*　売 上 *1,000*
　　　　　買掛金 *800*　　　　　　　　売掛金 *800*

前払金と前受金の勘定記入

前払金（資産）	
内金を支払った	商品を受け取った

前受金（負債）	
商品を引き渡した	内金を受け取った

仕 訳

【買手】

・商品代金の一部（または全部）を前払いした。

(借) 前 払 金 ×× （貸）現金など ××
  ―資産―

・商品を受け取った。

(借) 仕 入 ×× （貸）前 払 金 ××
                      ○ ○ ○ ××

【売手】

・商品代金の一部（または全部）を前受けした。

(借) 現金など ×× （貸）前 受 金 ××
                      ―負債―

・商品を発送した（引き渡した）。

(借) 前 受 金 ×× （貸）売 上 ××
    ○ ○ ○ ××

例題… 2　　　　　　　　　　　　　　　　　　exercise

次の取引について，名古屋商事(株)と岡崎商店の仕訳を示しなさい。

6 月 15 日　名古屋商事(株)は，岡崎商店に商品 ¥100,000 を注文し，内金として現金 ¥20,000 を支払った。

　　30 日　名古屋商事は，岡崎商店から上記の商品を受け取り，代金は内金を差し引き残額を掛けとした。

解答　answer

名古屋商事

6/15　(借) 前 払 金 20,000　（貸）現 金 20,000
　30　(借) 仕 入 100,000　（貸）前 払 金 20,000
　　　　　　　　　　　　　　　　　買 掛 金 80,000

岡崎商店

6/15　(借) 現 金 20,000　（貸）前 受 金 20,000
　30　(借) 前 受 金 20,000　（貸）売 上 100,000
　　　　 売 掛 金 80,000

・内金が手付金の性格を持っている場合は，前払金を支払手付金，前受金を受取手付金で仕訳することもある。

3 未収金・未払金

土地・建物・備品など商品以外の物品を売却し，代金を後日受け取ることにしたとき，売り主に生じる債権の増加・減少は**未収金勘定**（資産）で処理する[1]。

反対に，それら商品以外のものを買い入れ，代金を後日支払うことにしたとき，買い主に生じる債務の増加・減少は**未払金勘定**（負債）で処理する。

[1] **未収入金勘定**で処理することもある。

------------------- 未収金と未払金の勘定記入 -------------------

未収金（資産）		未払金（負債）	
商品以外のものを売却（代金未収）	代金を受け取った	代金を支払った	商品以外のものを購入（代金未払）

● 覚えよう

2つの違いをしっかりおさえておこう

売掛金と未収金
・商品を掛けで売ったときに生じる債権…売掛金
・商品以外のものを売って，代金を後日受け取ることにしたときに生じる債権…未収金

買掛金と未払金
・商品を掛けで買ったときに生じる債務…買掛金
・商品以外のものを買って，代金を後日支払うことにしたときに生じる債務…未払金

仕訳

・商品以外のものを売却した（代金は後日受け取る）。

（借）未 収 金 ××　　（貸）○ ○ ○ ××
　　　　―資産―

・商品以外のものを買い入れた（代金は後日支払う）。

（借）○ ○ ○ ××　　（貸）未 払 金 ××
　　　　　　　　　　　　　　　　―負債―

例題… 3

exercise

次の取引の仕訳を示しなさい。

（1）雑誌などの不用品を売却し，代金 ¥5,000 は月末に受け取ることにした。

（2）営業用金庫を買い入れ，代金 ¥200,000 は月末に支払うことにした。

解答	answer

（1）（借）未 収 金　5,000　　（貸）雑　　益[2]　5,000

（2）（借）備　　品 200,000　　（貸）未 払 金 200,000

[2] **雑収入勘定**で処理することもある。

解き方	how to solve

（1）雑誌（商品以外の物品）の売却は未収金で処理する。

（2）営業用金庫（商品以外の物品）の買い入れは未払金で処理する。

Column | コラム | 少し難しくなるが…

　会社の主たる営業活動（例えば，青果店なら野菜や果物の仕入れ・販売，運送会社なら荷物の運送など）から生じた未収額や未払額は売掛金や買掛金で処理し，主たる営業活動以外の取引（例えば，応接室のソファの買入れ）から生じる未収額や未払額は未収金や未払金で処理する。たとえるならば，学生が教科書や参考書を代金後払いで買ったら買掛金，漫画本や CD を代金後払いで買ったら未払金で処理することになる。

■■ 4 ■■　立替金・預り金

　取引先などに対し，一時的に金銭を立て替えて支払うことがある。このとき，支払側に生じる債権の増加・減少は**立替金勘定**（資産）で処理する。反対に，取引先などから一時的に金銭を預かったときに生じる債務の増加・減少は**預り金勘定**（負債）で処理する。立替金や預り金のうち，従業員に対するものは，取引先などに対するものと区別するため，**従業員立替金勘定**（資産）や**従業員預り金勘定**（負債）を用いる。

　企業が従業員に給料を支払うさいには，個人が負担する所得税などの税金や，健康保険料・厚生年金保険料・雇用保険料などの社会保険料を，従業員から預かり，後日，税務署などに従業員に代わり納付する。そこで，給料の支払いにさいし，従業員から所得税や社会保険料を預かったときは，**所得税預り金勘定**（負債）や**社会保険料預り金勘定**（負債）の貸方に記入し，税務署等に納付したときその借方に記入する[1]。

① 従業員立替金勘定は立替金勘定で処理することもあり，所得税預り金勘定，社会保険料預り金勘定，従業員預り金勘定等は預り金勘定で処理することもある。

------ **立替金と預り金の勘定記入** ------

立替金（資産）	
一時的に金銭を立て替えた	返済された

預り金（負債）	
支払った	一時的に金銭を預かった

仕 訳

・一時的に現金を立替払いした。

　　　（借）立　替　金　×× 　（貸）現　　　金　××
　　　　　　　―資産―

・給料を現金で支払った（ただし，所得税と社会保険料を差し引く）。

　　　（借）給　　　料　×× 　（貸）所得税預り金　××
　　　　　　　　　　　　　　　　　　　―負債―

　　　　　　　　　　　　　　　　　社会保険料預り金　××
　　　　　　　　　　　　　　　　　　　―負債―

　　　　　　　　　　　　　　　　　現　　　金　××

・所得税を税務署に現金で納付した。

　　　（借）所得税預り金　×× 　（貸）現　　　金　××

実教美咲さんの給与明細書である。

〈支給〉	基 本 給	¥180,000
	残 業 手 当	20,000
	通 勤 手 当	5,000
	総支給額	205,000
〈控除〉	健康保険料	9,790
	厚生年金保険料	18,300
	雇用保険料	615
	所 得 税	3,770
	住 民 税①	6,800
	控除額計	39,275
	差引支給額	165,725

※健康保険・厚生年金保険・雇用保険 などを**社会保険**といい，企業で働い ている人は，給料からそれらの保険 料が天引きされる。

健 康 保 険　病気やケガをしたとき に治療費の一部を補償 する保険

厚生年金保険　会社員が退職したあと (老後)に受け取る年金 のための保険

雇 用 保 険　失業したときに一定期 間お金を受け取れる保 険

① 住民税は，全経簿記 2 級の出題範囲である。

⇩

(借) 給　　　　料	205,000	(貸) 社会保険料預り金	28,705
		所 得 税 預 り 金	3,770
		住 民 税 預 り 金	6,800
		現　　　　金	165,725

例題… 4　　　　　　　　　　　　　　　　　　　　　　*exercise*

次の取引の仕訳を示しなさい。

7 月10日　従業員豊橋太郎のために，生命保険料 ¥8,000 を現金で立 替払いした。

　　20 日　本日給料の支払いにあたり，豊橋太郎に対し給料 ¥300,000 のうち，10 日に立替払いした ¥8,000 と所得税の源泉徴収 額 ¥43,000 および社会保険料 ¥5,000 を差し引き，残額を 現金で支払った。

　　30 日　豊橋太郎から預かった社会保険料 ¥5,000 を普通預金口座 から納付した。

8 月 7 日　所得税の源泉徴収額 ¥43,000 を税務署に現金で納付した。

解答　*answer*

7/10	(借) 従業員立替金	8,000	(貸) 現　　　　金	8,000
20	(借) 給　　　　料	300,000	(貸) 従業員立替金	8,000
			所 得 税 預 り 金	43,000
			社会保険料預り金	5,000
			現　　　　金	244,000
30	(借) 社会保険料預り金	5,000	(貸) 普 通 預 金	5,000
8/7	(借) 所 得 税 預 り 金	43,000	(貸) 現　　　　金	43,000

・**一時的**に現金を立て替えたときは立替金勘定（資産），**一時的**に現金を預かったときは預り金勘定（負債）で処理する。

・「10 日に立替払いした ¥8,000 を差し引き」は，立替金勘定（資産）の減少である。

5　仮払金・仮受金

　現金の支出があったので仕訳をしようとしたが，仕訳の借方の勘定科目が不明である。または，勘定科目はわかっていても金額がその時点でいくらなのか確定していない。そのようなときは**仮払金勘定**（資産）で処理する。

　反対に，現金の収入があったが，貸方の勘定科目あるいは金額が確定していないときは**仮受金勘定**（負債）で処理する。

　後日，勘定科目または金額が確定したときに，該当する勘定に振り替える。

　仮払金勘定・仮受金勘定は現金過不足勘定と同じ仮勘定（一時的に処理しておく勘定）である[①]。

①　p.39 側注参照。

```
---------------- 仮払金と仮受金の勘定記入 ----------------

        仮払金（資産）              仮受金（負債）

  現金等の支出                            現金等の収入
  があったが勘    精算した      精算した    があったが，
  定科目や金額                            勘定科目や金
  が未確定                                額が未確定
```

仕　訳

・旅費の概算額を現金で支払った。

　　　　（借）仮　払　金　××　　　（貸）現　　　　金　××
　　　　　　　　─資産─

・旅費を精算し残額を現金で受け取った。

　　　　（借）旅　　　費　××　　　（貸）仮　払　金　××
　　　　　　　現　　　金　××

・当座預金への入金があった。ただし，内容が不明。

　　　　（借）当 座 預 金　××　　　（貸）仮　受　金　××
　　　　　　　　　　　　　　　　　　　　　　─負債─

・内容不明の入金は売掛金の回収であった。

　　　　（借）仮　受　金　××　　　（貸）売　掛　金　××

次の一連の取引の仕訳を示しなさい。

(1) 従業員の出張にあたり，旅費の概算額 ¥50,000 を現金で渡した。

(2) 出張中の従業員から ¥200,000 の当座振込があった。しかし，その内容は明らかでない。

(3) 従業員が帰店し，旅費の残額 ¥3,000 を現金で受け取った。なお，当座振込は佐渡商店に対する売掛金の回収であるむねの報告を受けた。

解答 | answer

(1) （借）仮 払 金 50,000 　　（貸）現 　 　 金 50,000
(2) （借）当 座 預 金 200,000 　（貸）仮 受 金 200,000
(3) （借）旅 　 　 費 47,000 　　（貸）仮 払 金 50,000
　　　　　現 　 　 金 3,000
　　（借）仮 受 金 200,000 　　（貸）売 掛 金 200,000

解き方 | how to solve

(1) 旅費の概算額を支払ったので，借方は旅費となるが，その金額が確定していないため，仮払金勘定（資産）で処理する。

(2) 当座預金への入金があったので，借方は当座預金となるが，相手勘定科目がわからないため，貸方は仮受金勘定（負債）で処理する。

(3)①「旅費の残額 ¥3,000 を現金で受け取った」より，旅費の金額が ¥47,000 と確定できるため，（借）旅費となる。

　②当座振込は「売掛金の回収である」という記述から，売掛金の減少の仕訳を行う。

なお，金額や勘定科目が確定したとき，仮払金や仮受金は精算する。

The Bookkeeping ●

第 6 節 有価証券取引

1 買い入れ

企業は資金に余裕があるとき，証券取引所で売買されている公債，社債，株式などの有価証券を買い入れることがある。それにより，利息（公債や社債の場合）や配当（株式の場合）を受け取ることができるし，値上がりしたときは売却して利益を得ることができるからである。

簿記では，有価証券を取得したときは，取得原価で**有価証券勘定**（資産）の借方に記入し，売却したときは貸方に記入する①。

① 日商簿記３級では「有価証券」は出題されない。

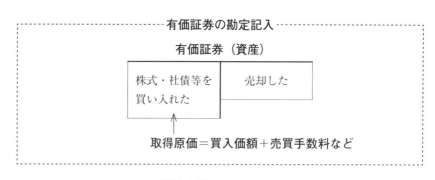

有価証券の勘定記入

有価証券（資産）

| 株式・社債等を買い入れた | 売却した |

取得原価＝買入価額＋売買手数料など

取得原価は，有価証券の買入価額に証券会社へ支払う売買手数料などを加えたものである。なお，買入価額は下記のように求める。

買入価額
$$\begin{cases} \boxed{株\quad式} & 買入価額 ＝ 1株の買入単価 × 株式数 \\ \boxed{社債・公債} & 買入価額 ＝ 買入単価 × 口数^{①}\left(\dfrac{額面金額}{¥100}\right) \end{cases}$$

① 額面 ¥100（1口）あたりの数。額面金額を ¥100 で割って求める。

▲ 知っておこう

・公　債
国や地方公共団体が財政資金の不足を補うために発行する債券が公債である。債券を買ってもらうことによりお金を調達（借金）する。国が発行するものは国債，地方公共団体が発行するものは地方債という。

・社　債
株式会社が長期の資金を調達するために，広く一般から資金を借り入れるとき発行する債券が社債である。なお，債券は元金や利息の支払いを約束する証券のことである。

・株　式
株式会社の出資者の地位や権利のことである。

仕　訳

・有価証券を取得した。

（借）有 価 証 券　××　　　（貸）現　金など　××
　　　—資産—　　取得原価

例題… 1　　　　　　　　　　　　　　　exercise

次の取引の仕訳を示しなさい。

(1) 静岡商事株式会社の株式 2,000 株を 1 株あたり ¥700 で購入し，代金は売買手数料 ¥16,000 とともに小切手を振り出して支払った。

(2) 伊豆物産株式会社の社債（額面金額 ¥400,000）を額面 ¥100 につき ¥96.5 で買い入れ，代金は売買手数料 ¥4,000 とともに現金で支払った。

解答｜answer

(1) （借）有 価 証 券　*1,416,000*　（貸）当 座 預 金　*1,416,000*

(2) （借）有 価 証 券　*390,000*　（貸）現　　　金　*390,000*

解き方｜how to solve

〈取得原価〉

(1) ＠¥700×2,000 株＋¥16,000＝¥1,416,000

(2) ＠¥96.5×$\dfrac{¥400,000}{¥100}$＋¥4,000＝¥390,000

2 売 却

　有価証券を売却したときは，売却した有価証券の帳簿価額を有価証券勘定の貸方に記入し，売却による手取額と帳簿価額との差額は**有価証券売却益勘定**（収益）または**有価証券売却損勘定**（費用）に記入する。

仕 訳

・有価証券を売却した。

【手取額＞帳簿価額】

（借）現　金　な　ど　××　　（貸）有　価　証　券　××

　　　　　　　　　　　　　　　　　有価証券売却益　××
　　　　　　　　　　　　　　　　　　―収益―

【手取額＜帳簿価額】

（借）現　金　な　ど　××　　（貸）有　価　証　券　××

　　　有価証券売却損　××
　　　　　―費用―

例題… 2　　　　　　　　　　　　　　　exercise

次の取引の仕訳を示しなさい。

(1)　例題1で購入した静岡商事株式会社の株式のうち，1,000株を1株あたり¥640で売却し，代金は現金で受け取った。

(2)　例題1で購入した伊豆物産株式会社の社債（額面金額¥400,000）を額面¥100につき¥99.5で売却し，手取金¥398,000は月末に受け取ることにした。

解答　answer

(1)　（借）現　　　　金　*640,000*　　（貸）有　価　証　券　*708,000*
　　　　　　有価証券売却損　*68,000*

(2)　（借）未　収　金　*398,000*　　（貸）有　価　証　券　*390,000*
　　　　　　　　　　　　　　　　　　　　　有価証券売却益　*8,000*

解き方　how to solve

(1)・売却した株式（1,000株）の帳簿価額

$$（@¥700×2,000株＋¥16,000）×\frac{1,000株}{2,000株}＝¥708,000$$

　・有価証券売却損　¥640,000－¥708,000＝△¥68,000
　　　　　　　　　　　　代金　　　　帳簿価額

(2)　有価証券売却益　¥398,000－¥390,000＝¥8,000
　　　　　　　　　　　　手取額　　　帳簿価額

第 7 節　有形固定資産取引

1　有形固定資産とは

　建物や備品など，営業のために1年以上にわたって使用する資産を**有形固定資産**という。有形固定資産には次のようなものがある。

建　　　物　事務所，店舗，倉庫，工場など

備　　　品　事務用の机・いす，商品陳列ケース，金庫，事務機器など

車両運搬具　営業のために使用するトラック，乗用車など

土　　　地　事務所・店舗などの敷地

2　取　得

　有形固定資産を取得したときは，取得原価で，有形固定資産を示すそれぞれの勘定の借方に記入する。有形固定資産の取得原価には，購入代価の他に固定資産が使えるようになるまでにかかった付随費用（仲介手数料，登記料，引取運賃など）を加算する。

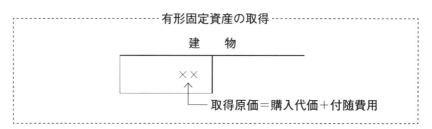

―――――――有形固定資産の取得―――――――

建　　　物

××

取得原価＝購入代価＋付随費用

仕 訳

・有形固定資産（建物）を取得した。

　　（借）建　　　物　××　　　（貸）当座預金など　××

　　　　　―資産―　　取得原価

例題… 1　　　　　　　　　　　　　　　　　exercise

次の一連の取引の仕訳を示しなさい。

(1)　土地を購入し，代金 ¥20,000,000 の他に仲介手数料 ¥200,000 と登記料 ¥40,000 を小切手を振り出して支払った。

(2)　上記土地を整地し，その費用 ¥500,000 は月末に支払うことにした。

解答　answer

(1)　（借）土　　　地　20,240,000　　（貸）当座預金　20,240,000

(2)　（借）土　　　地　　　500,000　　（貸）未　払　金　　　500,000

・土地が使用できるまでに支払われた金額はすべて土地の取得原価になるので、土地勘定で仕訳する。土地を使用できるようにするための (2) の整地費用も土地勘定で処理する。

第 8 節　株式会社の税金

1　税金の種類

会社は事業をしていくなかでさまざまな税金を支払う。株式会社が支払う税金には、所得[1]に対して課される**法人税**、**住民税**、**事業税**や、費用として処理できる**固定資産税**、**印紙税**などがあり、その他にも消費者が負担し会社が納付する**消費税**がある。

```
―――――――― 税金の種類 ――――――――
                ┌ 法　人　税 ┄┄┄┐
所得に課税       │                   │
される税金 ┤ 住　民　税 ┄┄┄┤
                └ 事　業　税 ┄┄┄┤┄ 国　　税
                                       │
費用として ┌ 固定資産税[2] ┄┄┄┤┄ 地方税
処理できる ┤                        │
                └ 印　紙　税[3] ┄┄┄┘

                  消　費　税 ┄┄┄┄┄ 国税、地方税
```

ここでは、費用として処理できる税金と消費税について学ぶ[4]。

2　会計処理

費用として処理できる税金は、**租税公課勘定**（費用）で処理する。なお、**納税通知書**によって税額が通知される固定資産税などは、納税通知書を受け取ったときに租税公課勘定の借方と**未払税金勘定**（負債）の貸方に記入し、後日、納付したとき未払税金勘定の借方に記入する。

> **仕　訳**
>
> ・固定資産税の納税通知書を受け取った。
>
> 　　（借）租税公課　××　　（貸）未払税金　××
> 　　　　　―費用―　　　　　　　　　―負債―
>
> ・固定資産税の第 1 期分を納付した。
>
> 　　（借）未払税金　××　　（貸）現金など　××
>
> ・収入印紙を購入した。
>
> 　　（借）租税公課　××　　（貸）現金など　××

[1]　税法は、各年度の収益や費用の計算について制約を加えているので、決算の結果算出された純利益がそのまま所得とはならない。

[2]　土地や建物などの固定資産に対して課される税金。地方公共団体から送られてくる納税通知書にもとづいて市町村に納付する。

[3]　手形の振出し、領収証や売買契約書の作成などに対して課される税金。収入印紙を購入し、それを書類に貼り、消印することにより納付する。

[4]　法人税、住民税、事業税については、応用編(p.127)で学ぶ。

例題… 1

次の取引の仕訳を示しなさい。

(1)①固定資産税 ¥50,000 の納税通知書を受け取った。ただし，未払税金勘定で処理している。

②固定資産税の第1期分 ¥12,000 を現金で納付した。

(2)　収入印紙 ¥3,000 と切手 ¥1,000 を郵便局で購入し，代金は現金で支払った。

解答 answer

(1)①（借）租税公課　50,000　　（貸）未払税金　50,000

②（借）未払税金　12,000　　（貸）現　　金　12,000

(2)　（借）租税公課　3,000　　（貸）現　　金　4,000

通信費　1,000

3　消費税

　消費税とは，物やサービスの消費に対して課される税金である。消費税の処理には**税抜方式**と**税込方式**がある。ここでは税抜方式について学ぶ。

　税抜方式とは，商品の取引額と消費税を分けて処理する方法である。商品の仕入れにともない支払う消費税は，**仮払消費税勘定**（資産）の借方に記入し，商品の販売にともない受け取る消費税は，**仮受消費税勘定**（負債）の貸方に記入する。

仕　訳〈税抜方式〉

・商品を仕入れたとき。

（借）仕　　　　入　××　　（貸）○　○　○　××

仮払消費税　××
―資産―

・商品を販売したとき。

（借）○　○　○　××　　（貸）売　　　　上　××

仮受消費税　××
―負債―

例題… 2

次の一連の取引の仕訳を示しなさい。

(1)　商品 ¥50,000 を仕入れ，代金は消費税 ¥5,000 とともに，掛けとした。

(2)　上記商品を ¥60,000 で販売し，代金は消費税 ¥6,000 とともに，掛けとした。

(1)　（借）仕　　　入　*50,000*　　（貸）買　掛　金　*55,000*
　　　　　　仮払消費税　*5,000*

(2)　（借）売　掛　金　*66,000*　　（貸）売　　　　上　*60,000*
　　　　　　　　　　　　　　　　　　　　仮受消費税　*6,000*

第 9 節　株式会社の資本取引

1　株式会社の設立

　会社を新しく設立したり，設立後さらに事業を拡大するために資金が必要になったとき，株式を発行することで多くの人から資金を調達することがある。このように，株式を発行することで資金を調達し，事業を営む会社のことを株式会社という。

　なお，株式会社が利益をあげた場合，その一部を配当という形で，株式を保有する株主（出資者）に支払う。

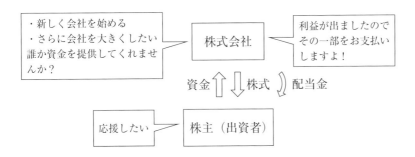

　会社の設立にあたり，株式を発行して株主から資金を集めたときは，**資本金勘定**（純資産）の貸方に記入する。

> **仕　訳**
>
> ・**株式を発行した。**
>
> 　　　（借）当座預金など　××　　（貸）**資　本　金**　××
> 　　　　　　　　　　　　　　　　　　　　　―純資産―

例題… 1　　　　　　　　　　　　　　　　　　　　　e x e r c i s e

　次の取引の仕訳を示しなさい。

　株式会社富士山商事は，会社設立にあたり株式 200 株を 1 株につき
¥*100,000* で発行し，払込金を当座預金とした。なお，払込金は全額を資本金として処理した。

解答 | answer

（借）当座預金　20,000,000　　（貸）資 本 金　20,000,000

解き方 | how to solve

・資本金　@¥100,000×200 株＝¥20,000,000

2 株式会社の純資産

資産から負債を差し引いた差額を純資産といい，貸借対照表には「純資産の部」で表示される。

純資産は，株主の持分をあらわしており**株主資本**ともいわれ，株主の出資額である資本金と会社のもうけである**利益剰余金**からなる。

利益剰余金はさらに，会社法で積み立てることが強制されている**利益準備金**[1]と**繰越利益剰余金**からなる。

① p.129 参照。

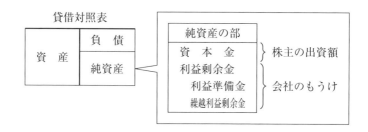

第10節 証ひょうと伝票

● The Bookkeeping

1 証ひょう

証ひょうとは，企業と取引先との間でやり取りされる証拠書類またはその控えのことである[2]。

② その他にも，約束手形やその控え，銀行との当座勘定整合表や振込依頼書などがある。
なお，総勘定元帳や補助簿，決算書類と同じように，証ひょうについても法律でその保存期間が定められている。企業にとって証ひょうの管理・保管はとても重要である。

証ひょうは相手方との間に作成されるものであるから，その証拠能力が高い。そのため企業が取引を記帳する場合には，取引の事実を証明する証ひょうが必要である。

例えば，商品の仕入取引では，納品書にもとづき仕訳を行い，仕入勘定や仕入先元帳・商品有高帳の記入を行う。

商品売買において，やり取りされる主な証ひょうは次のとおりである。

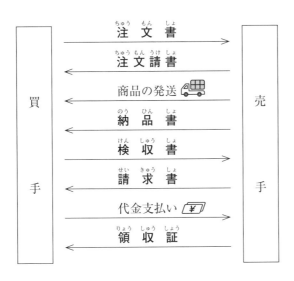

注　文　書　商品の注文にあたり，注文する内容を書いた書類

注文請書　注文書の内容どおりに注文を受けたことを相手に知らせる書類

納　品　書　注文を受けた商品の発送が完了したことを知らせる書類

検　収　書　受け取った商品に問題がなかったことを知らせる書類

請　求　書　商品代金の請求のために出す書類

領　収　証　商品代金を受け取ったことを知らせる書類

例題… 1

exercise

次の取引の仕訳を示しなさい。

6月21日　深谷商事(株)は西三河電器(株)から商品を掛けで仕入れ，
品物とともに次の納品書を受け取った。

納　品　書

深谷商事株式会社 御中　　　　　　　　　　　　02 年 6 月 21 日

西三河電器(株)

品　　　物	数量	単価	金　額
USB メモリ　128 GB	10	2,300	23,000
USB メモリ　64 GB	20	1,500	30,000
		消 費 税	5,300
		合　　計	58,300

解答 answer

6 /21　(借) 仕　　　入　53,000　　(貸) 買　掛　金　58,300
　　　　　　　仮払消費税　5,300

次の取引の仕訳を示しなさい。

10月 9 日　実教商事(株)は，得意先伊香保商事(株)へ商品 ¥330,000
　　　　　　（消費税 ¥30,000 を含む）を売り渡し，代金として以下の
　　　　　　とおり受け取った。

　　　　　　　　　　　　　　　小　切　手

支払地　群馬県渋川市

　　　　　(株)上州銀行伊香保支店

　　　金額　¥130,000 ※

上記の金額をこの小切手と引替えに
持参人にお支払いください

　　振出日　01 年 10 月 9 日　　　　　　群馬県渋川市伊香保町伊香保 1-1
　　　　　　　　　　　　　　　　　　　　伊香保商事(株)

　　振出地　群馬県渋川市　　振出人　代表取締役　石段太郎　　印

　　　　　　　　　　　　　　約　束　手　形

収入印紙 200 円 ㊞	実教商事 株式会社 殿 ¥200,000 ※	支払期日　01 年 12 月 9 日
		支　払　地　群馬県渋川市
		支払場所　(株)上州銀行伊香保支店

上記金額をあなたまたはあなたの指図人へこの約束手形と
引替えにお支払いいたします。

01 年 10 月 9 日
振出地　群馬県渋川市
振出人　群馬県渋川市伊香保町伊香保 1-1
　　　　伊香保商事(株)
　　　　代表取締役　石段太郎　　印

解答　answer

10/ 9　（借）現　　　　金　130,000　　（貸）売　　　　上　300,000
　　　　　　受 取 手 形　200,000　　　　仮受消費税　 30,000

2　伝　票

（1）　伝票とは

　ここまで，取引が発生したら仕訳帳に記入し，総勘定元帳に転記する方法を学んできた。しかし，実務では仕訳帳に代わり**伝票**が広く利用されている。伝票は仕訳帳に代わるもので一定の形式が印刷されている紙片であり，取引を伝票に記入することを**起票**という。

　伝票を用いることで，仕訳を各係が分担して行うことができる。また関係する各係に取引内容を迅速に伝えることもできるので，記帳の能率を高めるのに役立つ。

　伝票を利用する場合，一般に，**入金伝票・出金伝票・振替伝票**を用いる**3伝票制**がとられる。

（2）　3伝票制

　3伝票制では，取引を，現金収支をともなう**現金取引**と現金収支をともなわない**振替取引**の2つに分けて起票する。そして，現金取引は入金伝票・出金伝票に記入し，振替取引は振替伝票に記入する。

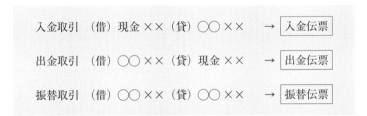

①　入金伝票

　入金取引は，借方の勘定科目が現金になる取引であるから，入金伝票[1]の「科目欄」には，取引を仕訳したときの貸方の勘定科目を記入する。なお，貸方の勘定科目が2つ以上になるときは，勘定科目ごとに入金伝票を起票する。

[1]　入金伝票は赤色で印刷されていることから，赤伝ともよばれる。

次の取引を入金伝票に起票しなさい。なお，当社は３伝票制をとっている。

9 月 30 日　青森商店から 8 月分の売掛金 *¥100,000* を現金で受け取った。（伝票番号 No.20）

解説・解答　| explanation / answer

・取引の仕訳　9 /30　（借）現　金　*100,000*　　（貸）売掛金　*100,000*

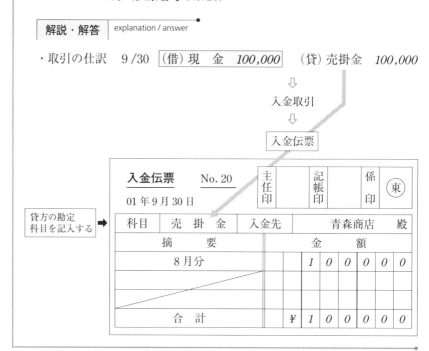

入金取引

入金伝票

貸方の勘定
科目を記入する　▶

入金伝票　No. 20			主任印	記帳印	係印	東
01 年 9 月 30 日						
科目	売 掛 金	入金先	青森商店　殿			
摘　　要			金　　額			
8 月分			*1*	*0*	*0*	*0*	*0*	*0*
合　計			¥	*1*	*0*	*0*	*0*	*0*	*0*

② **出金伝票**

出金取引は，貸方の勘定科目が現金になる取引であるから，出金伝票①の「科目欄」には，取引を仕訳したときの借方の勘定科目を記入する。なお，借方の勘定科目が2つ以上になるときは，勘定科目ごとに出金伝票を起票する。

① 出金伝票は青色で印刷されていることから，青伝ともよばれる。

例題… **4**

exercise

次の取引を出金伝票に起票しなさい。なお，当社は３伝票制をとっている。

9 月 9 日　函館商店から次の商品を仕入れ，代金は現金で支払った。（伝票番号 No.33）

A 商品　10 個　@*¥5,000*　　*¥50,000*

・取引の仕訳　9 / 9　（借）仕　入　50,000　　（貸）現　金　50,000

⇩

出金取引

⇩

出金伝票

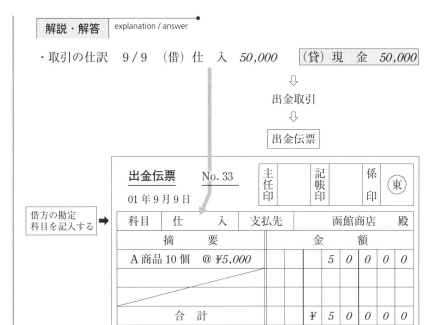

借方の勘定
科目を記入する ➡

出金伝票　No. 33	主任印	記帳印	係印	東
01 年 9 月 9 日				

| 科目 | 仕　入 | 支払先 | 函館商店 | 殿 |

摘　　要	金　　額
A 商品 10 個　@ ¥5,000	5 0 0 0 0
合　計	¥ 5 0 0 0 0

入金取引

現金が入ってきたときの取引のこと。

（借）現金　××
　　　（貸）○○　××
⇩
入金伝票

出金取引

現金が出ていったときの取引のこと。

（借）○○　××
　　　（貸）現金　××
⇩
出金伝票

③　振替伝票

振替取引を記入する伝票で，仕訳形式で記入する。

振替伝票は黒色または青色で印刷されている。

振替取引

入金取引・出金取引以外の取引のこと。

（借）○○　××
　　　（貸）○○　××

次の取引を振替伝票に起票しなさい。

10 月 5 日　札幌商店に対する 9 月分の買掛金 ¥45,000 を約束手形 #99
　　　　　　を振り出して支払った。（伝票番号 No.77）

振替伝票　No. 77	主任印	記帳印	係印	東
01 年 10 月 5 日				

勘定科目	借　　方	勘定科目	貸　　方
買　掛　金	4 5 0 0 0	支 払 手 形	4 5 0 0 0
合　計	¥ 4 5 0 0 0	合　計	¥ 4 5 0 0 0
摘　要	札幌商店　9 月分買掛金支払い　約束手形 #99		

第3章

決　算

● The Bookkeeping

第 **1** 節　決算整理

1　決算とは

　企業は，決算日に帳簿を締め切り，決算日における財政状態を明らかにする貸借対照表や，その会計期間の経営成績を明らかにする損益計算書を作成する。この一連の手続きを決算という。

　決算は次の手順で行う。

1. 試算表の作成
2. 決算整理
3. 帳簿の締切り（帳簿決算）
4. 貸借対照表・損益計算書の作成

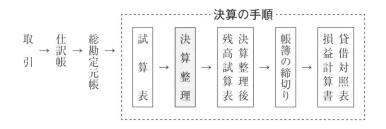

　ここでは，決算整理について学習する。

2　決算整理

① 例えば，建物や備品などの固定資産は，使用している間にどんどん価値が下がっていくのに，帳簿に書かれている金額が買ったときのままであると，帳簿の金額はその実態をあらわしているとはいえない。

② 例えば，決算日（3月末）の1か月前に建物を借り，そのときに家賃1年分を全額支払ったとする。この場合，帳簿には支払った1年分が，その年度の支払家賃（費用）として書かれる。1か月分が書かれるべきで，決算日からあとの11か月分は，来年度の支払家賃に書かれるべきである。

　決算を行うにあたってまず大切なことは，帳簿に書かれている金額が間違っていないということである。はじめから帳簿上の金額が間違っていたら，結果は当然間違ったものになるからである。そのために，決算では最初に試算表を作成し，転記が正しく行われたかを確認する。

　転記が正しく行われたとしても，勘定の中には，決算日において帳簿上の金額がその実態を正しくあらわしていないものがある①。また，当期の損益を正確に計算するという観点からすると，当期に記帳されている収益や費用の勘定の中には，次期に記帳した方がよいと思われる金額があったり②，反対に，まだ記帳されていなくても，当期の収益や費用として記帳した方がよいと思われる項目もある。

　そこで，決算にあたり，会計期間の損益を正確に計算するために，このような勘定を整理しなければならない。この手続きを**決算整理**という。

　決算整理が必要なことがらを**決算整理事項**という。なお，決算整理で行われる仕訳は**決算整理仕訳**という。

決算整理を必要とすることがらには次のようなものがある。

(1) 売上原価の計算

(2) 貸倒引当金の計上

(3) 固定資産の減価償却

(4) 費用の繰延べと見越し[1]

(5) その他

   ① 現金過不足勘定の整理

   ② 消耗品費勘定の整理

[1] 日商簿記では，費用の前払い・未払いという。また，全経簿記3級の出題範囲としては，営業費用の繰延べと見越しに限られる。

（1） 売上原価の計算

すでに学習したように，商品売買取引を3分法で記帳すれば，商品の販売のつど商品販売益を記帳しないのでその額を知ることはできない。そこで，期末に一括して計算することになる。期末に一括して計算する，一会計期間における商品販売益を**売上総利益**という。

売上総利益は次の算式で計算する。

> 売上高－売上原価＝売上総利益　　　　　　　　　　　…❶
> 売上原価＝期首商品棚卸高＋当期商品仕入高－期末商品棚卸高…❷

上記❶で，売上高は売上勘定で知ることができる。しかし，売上原価はどの勘定からも知ることができない。そこで，決算において，上記❷の計算を仕入勘定で行い売上原価を計算する。

仕入勘定で売上原価を計算するための仕訳は次のとおりである。

① 期首商品棚卸高（繰越商品勘定の残高）を仕入勘定に振り替える。

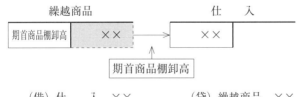

【仕訳】　　（借）仕　　入　××　　　（貸）繰越商品　××

② 期末商品棚卸高を，仕入勘定から繰越商品勘定へ振り替える。

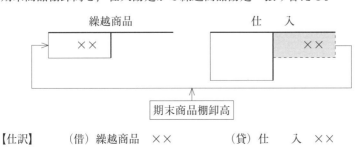

【仕訳】　　（借）繰越商品　××　　　（貸）仕　　入　××

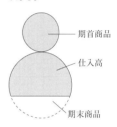

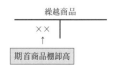

①と②の仕訳により，仕入勘定の残高は売上原価を示し，繰越商品勘定は期末商品棚卸高を示すことになる。

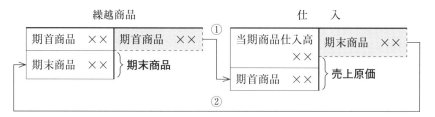

●覚えよう

売上原価を計算するための仕訳は
仕入・繰商・繰商・仕入とか，仕繰・繰仕とゴロよく覚える。

仕　訳

【決算整理仕訳】

・売上原価の計算

（借）仕　　　入　××　　　（貸）繰越商品　××　←期首商品棚卸高
（借）繰越商品　××　　　（貸）仕　　　入　××　←期末商品棚卸高

Column ｜ コラム

売上総利益を計算する式（前ページ）に使われる用語の意味を理解するため，次の例題に挑戦してみよう。

〈例題〉

パン店の深谷商店では，昨年より¥10のあんパンが1個繰り越されてきた。
今年は¥11と¥12と¥13のあんパンをそれぞれ1個ずつ仕入れた。
繰り越されてきた¥10のあんパンは当期中に¥12で売れ，¥11で仕入れたあんパンは¥13，¥13で仕入れたあんパンは¥15でそれぞれ売れた。しかし，¥12で仕入れたあんパンは最後まで売れ残ってしまった。そこで，以下の設問に答えなさい。

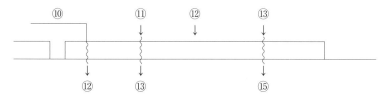

設問　1．**期首商品棚卸高**はいくらでしょう
　　　2．**期末商品棚卸高**はいくらでしょう
　　　3．**当期商品仕入高**はいくらでしょう
　　　4．**当期売上高**はいくらでしょう
　　　5．**売上原価**はいくらでしょう
　　　6．**売上総利益**はいくらでしょう
〔答〕　1．¥10　　2．¥12　　3．¥36（11+12+13）
　　　4．¥40（12+13+15）　5．¥34（10+11+13）
　　　6．¥6（40−34）

次の勘定記録から，下記の設問に答えなさい。ただし，期末商品棚卸高は ¥300 である。

設問　(1)　売上原価を計算するための決算整理仕訳と転記を示しなさい。
　　　(2)　売上原価を求めなさい。

繰越商品			
前期繰越	200		

仕　　入			
	1,000		

解答 | answer

(1)　〔決算整理仕訳〕
　　❶　（借）仕　　　入　　　200　　（貸）繰越商品　　　200
　　❷　（借）繰越商品　　　300　　（貸）仕　　　入　　　300
　　〔転記〕

繰越商品			
前期繰越	200	❶仕　　入	200
❷仕　　入	300		

仕　　入			
	1,000	繰越商品	300 ❷
❶繰越商品	200		

(2)　〔売上原価〕
　　¥900（仕入勘定の残高　¥1,000＋¥200－¥300＝¥900）

解き方 | how to solve

・解法のテクニックを参照。なお，売上原価は仕入勘定の残高である。

解法のテクニック

売上原価を計算するための決算整理仕訳は次のことを押さえる。
①仕訳は「仕入・繰商」「繰商・仕入」と覚える。
②「仕入・繰商」の金額は期首商品棚卸高，
　「繰商・仕入」の金額は期末商品棚卸高である。
③期首商品棚卸高は繰越商品勘定に記載されている金額である。
　期末商品棚卸高は，「期末商品棚卸高は ¥××」と問題に示されている。

【参考】

決算整理仕訳を行い各勘定に転記すると，繰越商品勘定は期末商品棚卸高を，仕入勘定は売上原価を示すことになる。なお，各金額は次のとおりである。

期首商品棚卸高　10，当期商品仕入高　100，期末商品棚卸高　20

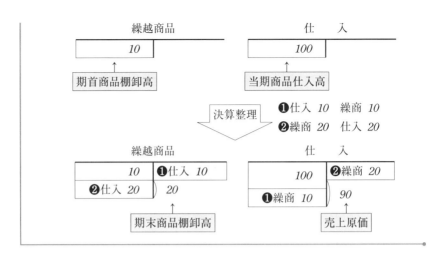

exercise

次の空欄にあてはまる金額を計算しなさい。

（単位：円）

	期首商品棚卸高	純仕入高	期末商品棚卸高	売上原価	純売上高	売上総利益
1	610,000	4,480,000	640,000	ア	5,700,000	イ
2	ウ	4,650,000	730,000	4,720,000	エ	950,000

解答 | answer

ア．¥4,450,000　イ．¥1,250,000　ウ．¥800,000　エ．¥5,670,000

解き方 | how to solve

　　　　　　¥610,000　　　　¥4,480,000　　　　¥640,000　　　　　　ア
1．ア．期首商品棚卸高＋純仕入高－期末商品棚卸高＝売上原価

　　　　¥5,700,000　　　　ア　　　　　　イ
　イ．純売上高－売上原価＝売上総利益

　　　　　　　ウ　　　　　¥4,650,000　　　　¥730,000　　　　¥4,720,000
2．ウ．期首商品棚卸高＋純仕入高－期末商品棚卸高＝売上原価

　　　　　エ　　　　¥4,720,000　　　¥950,000
　エ．純売上高－売上原価＝売上総利益

（2）　貸倒引当金の計上

　すでに学習したように，売掛金や受取手形はいずれも債権（**売上債権**とい
う）であるから，あとで現金などで回収される。しかし，実際には相手の商
店の倒産などのために回収できなくなることがある。これを**貸倒れ**という。
企業では，このような貸倒れに備え，決算のときにあらかじめ**貸倒見積額**
を当期の費用として計上する。どのような記帳をするのか，順を追って学習
する。

① 決算のときの処理

受取手形や売掛金の期末残高に対して貸倒見積額を計算し**貸倒引当金繰入勘定**（費用）の借方と**貸倒引当金勘定**（評価勘定）の貸方に記入する。

貸倒見積額は受取手形や売掛金の期末残高に，一定の比率（過去の貸倒実績にもとづいて計算された貸倒実績率）を掛けた額である。なお，貸倒引当金勘定の貸方に記入するのは，実際には貸倒れが生じていないので，受取手形や売掛金を直接減少させることができないからである。

仕 訳

・貸倒引当金を計上した。

（借）貸 倒 引 当 金 繰 入　×× 　（貸）貸 倒 引 当 金　××
　　　　　―費用―　　　　　　　　　　　―評価勘定―

例題… 3　　　　　　　　　　　　　　　　　　　exercise

決算に必要な仕訳を示しなさい。

受取手形の期末残高 ¥2,000 と売掛金の期末残高 ¥1,000 に対して 2% の貸倒れを見積もった。

解答　answer

（借）貸 倒 引 当 金 繰 入　60　　（貸）貸 倒 引 当 金　60

解き方　how to solve

・貸倒引当金繰入額　（¥2,000＋¥1,000）×2%＝¥60
　　　　　　　　　　受取手形　売掛金

② 貸倒れが発生したときの処理

実際に貸倒れが発生したとき，貸倒額を貸倒引当金勘定の借方と受取手形勘定や売掛金勘定の貸方に記入する。なお，貸倒額が貸倒引当金勘定の残高より大きい場合，その不足分は**貸倒損失勘定**（費用）で処理する。

> ### 仕 訳
>
> ・前期の売掛金が貸倒れになった。
>
> 【貸倒額＜貸倒引当金残高】
>
>   （借）貸 倒 引 当 金　××　　（貸）売　掛　金　××
>
> 【貸倒額＞貸倒引当金残高】
>
>   （借）貸 倒 引 当 金　××　　（貸）売　掛　金　××
>
> 　　　 貸 倒 損 失　××←|貸倒引当金不足額|
>   　　　　―費用―

例題… 4

　茨城商店に対する売掛金 ¥20 が貸倒れになった。次の(1),(2)それぞれの場合の仕訳を示しなさい。

　(1)　貸倒引当金が ¥30 ある。

　(2)　貸倒引当金が ¥15 ある。

解答 | answer

(1)　（借）貸 倒 引 当 金　20　　（貸）売　掛　金　20

(2)　（借）貸 倒 引 当 金　15　　（貸）売　掛　金　20

　　　　　貸 倒 損 失　　5

解き方 | how to solve

・実際に売掛金が貸倒れになったとき，貸倒引当金の減少と売掛金の減少の仕訳を行う。

・貸倒れになった売掛金が貸倒引当金の残高より大きい場合は，差額を貸倒損失勘定で処理する（2)。

③　決算のときの処理（貸倒引当金に残高がある）

　決算日において，貸倒引当金に残高がある場合は，貸倒見積額と貸倒引当金の残高との差額を貸倒引当金として計上する。このような貸倒引当金の計算方法を**差額補充法**という。

> ### 仕 訳
>
> ・貸倒引当金を ¥100 計上した（ただし貸倒引当金残高 ¥70）。
>
>   （借）貸倒引当金繰入　30　　（貸）貸倒引当金　30
>   　　　　　　　　　　↑
>   　　　　　|貸倒見積額－貸倒引当金残高|

例題… 5

決算に必要な仕訳を示しなさい。

受取手形の期末残高 ¥800 と売掛金の期末残高 ¥1,200 に対して 2％の
貸倒れを見積もった。ただし，貸倒引当金の残高が ¥10 ある。

解答 answer

（借）貸倒引当金繰入　30　　（貸）貸　倒　引　当　金　30

解き方 how to solve

　　　　　　　　受取手形　　売掛金
・貸倒見積額　（¥800＋¥1,200）×2％＝¥40

　　　　　　　　　　　貸倒見積額　貸倒引当金残高
・貸倒引当金繰入額　¥40　　−　　¥10　＝　¥30

④　当期に発生した売上債権が貸倒れになったときの処理

貸倒引当金を取り崩すことができるのは，前期の受取手形や売掛金が当期
に貸倒れになったときであり，当期に発生した受取手形や売掛金が当期に貸
倒れになったときは貸倒損失勘定で処理する。

仕　訳

・当期の売掛金が貸倒れになった。
　　　　（借）貸　倒　損　失　××　　　（貸）売　　掛　　金　××

（3）　固定資産の減価償却

建物・備品・車両運搬具など1年以上にわたって使用する資産を固定資産
という。固定資産は時の経過あるいは使用により価値が減少する。そこで，
決算にあたり，当期に発生した価値の減少額を見積もり，それを**減価償却
費勘定**（費用）の借方に記入するとともに，その額だけ固定資産の取得原価
を減少させる。これを固定資産の**減価償却**という。

減価償却費は，取得原価から残存価額を差し引いた額を耐用年数で割って
求める。この計算方法を**定額法**という。

$$減価償却費 ＝ \frac{取得原価 － 残存価額}{耐用年数}$$

耐用年数　固定資産を利用できる年数のこと。

残存価額　耐用年数を経過したときの固定資産の処分価額。
　　　　　残存価額は税法で取得原価の 10％ と決められていたが，平成
　　　　　19年4月以降に取得した固定資産についてはゼロになった[①]。

①　それ以前に取得した固
定資産については，取得原
価の 10％ で計算すること
もできるので，検定試験で
はその両方が出題される。

減価償却費は，固定資産を使用した期間にもとづいて計算するので，会計期間の途中で取得した場合，使用した期間について月割りで計算する。

減価償却の記帳方法には**直接法**と**間接法**があるが，ここでは直接法について学ぶ。直接法は，減価償却費勘定の借方に記入するとともに，建物勘定など固定資産の勘定の貸方に記入する方法である[①]。

① 固定資産の金額を直接減らすので直接法という。

仕 訳

・減価償却を行った（建物）。

（借）減価償却費 ×× （貸）建　　物 ××
　　　―費用―

例題… 6　　　　　　　　　　　　　　　　　　　　　　　exercise

当期の期首に取得した下記の備品について，決算に必要な仕訳を(1)残存価額が取得原価の 10%の場合と，(2)残存価額ゼロの場合について示しなさい。

備品（取得原価 ¥300,000，耐用年数 5 年）の減価償却を定額法で行った。なお，記帳方法は直接法である。

解答 answer

(1) （借）減価償却費 54,000 （貸）備　　品 54,000
(2) （借）減価償却費 60,000 （貸）備　　品 60,000

解き方 how to solve

(1) 減価償却費 $\dfrac{¥300,000-(¥300,000×10\%)}{5 年}=¥54,000$

または ¥300,000×0.9÷5 年=¥54,000

(2) 減価償却費 ¥300,000÷5 年=¥60,000

■固定資産台帳

企業では，固定資産を管理するために**固定資産台帳**（こていしさんだいちょう）を設け，所有する固定資産の一つ一つについて，取得から売却（あるいは除却・廃棄）までのすべての情報を記録する。

固定資産台帳を設けることで，所有する固定資産がどこで使われており，その帳簿価額がいくらであるかなどの明細を知ることができる。

例題… 7　　　　　　　　　　　　　　　　　　　　　　　exercise

次の資料により，固定資産台帳に記入しなさい。なお，減価償却の方法はいずれも残存価額ゼロ，定額法，期中での取得分は月割りで計算する。決算日は 03 年 3 月 31 日である。

【資料】

01 年 4 月 3 日　事務用パソコン 1 台を ¥240,000 で購入し，代金は
　　　　　　　　　現金で支払った。(耐用年数 4 年)

02 年 11 月 1 日　会議用テーブル 1 脚を ¥115,200 で購入し，代金は
　　　　　　　　　現金で支払った。(耐用年数 8 年)

解答　answer

固定資産台帳

03 年 3 月 31 日現在

取得 年月日	種　類	耐用 年数	取得原価	期　首 帳簿価額	当　期 減価償却費	期　末 帳簿価額
備　品						
01. 4/3	事務用パソコン	4 年	240,000	180,000	60,000	120,000
02.11/1	会議用テーブル	8 年	115,200	0	6,000	109,200

解き方　how to solve

・備品の種類ごとに，購入時，決算時の仕訳を行う。

〈事務用パソコン〉

01. 4/3	(借) 備　　　品	240,000	(貸) 現　　　金	240,000
02. 3/31	(借) 減価償却費	60,000	(貸) 備　　　品	60,000
03. 3/31	(借) 減価償却費	60,000	(貸) 備　　　品	60,000

〈会議用テーブル〉

02.11/1	(借) 備　　　品	115,200	(貸) 現　　　金	115,200
03. 3/31	(借) 減価償却費	6,000	(貸) 備　　　品	6,000

注　減価償却費　$¥115,200 ÷ 8 年 × \dfrac{5 か月 (11 月〜3 月)}{12 か月} = ¥6,000$

(4) 費用の繰延べと見越し[1]

① 費用の繰延べ

費用は現金などの支払いがあったときそれぞれの勘定口座に記入する。

例えば，会計期間が 01 年 4 月 1 日から 02 年 3 月 31 日の会社で，02 年 2 月 1 日に向こう 1 年分の保険料 ¥12,000 を現金で支払ったとき，帳簿には次のように記入される。

保　険　料

2/1 現　　　金	12,000	

しかし，保険料 ¥12,000 のうち，当期分は 02 年 2 月 1 日から 02 年 3 月 31 日までの 2 か月分 (¥2,000) であり，残りの 10 か月分 (¥10,000) は次

[1]　全経簿記 3 級では，出題が営業費用に限定される。

期の分（前払分）である。つまり，保険料勘定の¥12,000には次期の分が含まれているのである。

	当　　期			次　　期	
01.4/1		02.2/1	02.3/31	03.1/31	03.3/31

保険料支払い（1年分）　¥12,000

当期分 ¥2,000　　次期分（前払）¥10,000

　そこで，決算にあたり，費用の勘定に次期以降の分が含まれていたら，これを，保険料勘定から**前払保険料勘定**（資産）に振り替え次期に繰り越す。これを**費用の繰延べ**という。なお，前払保険料勘定のように新しく設ける勘定を**前払費用**という。

　費用の繰延べは，会計期間の損益を正確に計算するために，費用をその発生した期間に正確に配分するために行われる手続きである。

Point1

費用の繰延べ
【整理】

次期に属する分

・前払保険料勘定は資産である。
・前払保険料の他にも，前払家賃や前払地代が出題される。

保険料（費用）　　　　　　　　　　　　　　　　　　前払保険料（資産）

支払額（12,000）　前払分（10,000）→ 決算整理仕訳 → 前払分

仕　訳

【費用の前払額を計上した】

・（決算時）保険料の前払額が¥××ある。

　　（借）前払保険料　××　　　（貸）保　険　料　××
　　　　　―資産―

例題… 8　　　　　　　　　　　　　　　　　　exercise

次の取引の仕訳を示しなさい。

01年8月1日　火災保険料1年分¥12,000を現金で支払った。

02年3月31日　決算にあたり，上記保険料のうち前払分を次期に繰り延べた。

解答　answer

01. 8/1　（借）保　険　料 12,000　　（貸）現　　　金 12,000

02. 3/31　（借）前払保険料 4,000　　（貸）保　険　料 4,000

解き方　how to solve

・決算日において，保険料¥12,000のうち8か月分（01年8月～02年3月）が当期分，4か月分（02年4月～02年7月）が次期分（前払分）

である。

・前払分を保険料勘定から前払保険料勘定に振り替える。

② **費用の見越し**

費用の勘定の中には，当期において費用がすでに発生していても，現金などの支払いがないために帳簿に記帳されていないケースがある。

例えば，会計期間が 01 年 4 月 1 日から 02 年 3 月 31 日，給料の支払日が毎月 25 日（前月の 21 日から翌月の 20 日までの分）の会社を考えてみよう。

① 当期に発生した未払給料の計算

$¥310,000 \times \dfrac{11 \text{日}}{31 \text{日}}$

この場合，02 年 3 月 21 日から決算日までの給料（費用）が発生している。しかし，その部分の給料の支払いが 4 月 25 日になされるために，決算日現在，給料勘定への記帳は行われていない。

そこで，決算にあたり，当期において費用が発生しているにもかかわらず，支払っていないために帳簿に記入されていないときは，これを費用として計上するために，給料勘定の借方に記入するとともに，**未払 給 料勘定**（負債）の貸方に記入する。これを**費用の見越し**という。なお，未払給料勘定のように新しく設ける勘定を**未払費用**という。

費用の見越しは，費用の繰延べと同じように，会計期間の損益を正確に計算するために行われる手続きである。

費用の見越し
【整理】

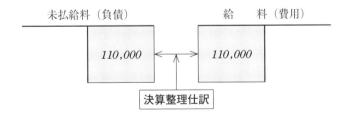

・未払給料勘定は負債である。

・未払給料の他にも，未払広告費，未払家賃，未払地代が出題される。

仕 訳

【費用の未払額を計上した】

・（決算時）給料の未払額が ¥×× ある。

（借）給　　料　××　　（貸）未払給料　××
　　　　　　　　　　　　　　　　　　　 ─負債─

例題… 9

決算に必要な仕訳を示しなさい。

02年3月31日　本日決算にあたり，3月21日から3月31日までの，
　　　　　　　給料未払額 ¥85,000 を計上した。

解答 | answer

02. 3/31　（借）給　　料　85,000　　（貸）未払給料　85,000

解き方 | how to solve

・給料の未払額を給料勘定の借方と未払給料勘定の貸方に記入する。

（5）　その他

① 現金過不足勘定の整理

　現金過不足の原因が期末になっても判明しないときは，現金過不足勘定の残高を**雑損勘定**（費用）または**雑益勘定**（収益）に振り替える。

　なお，決算日に現金の過不足が判明し，その原因が不明のときは，現金過不足勘定に記入しない。雑損勘定または雑益勘定で処理する。

Point!

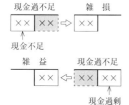

仕　訳

【決算日における現金過不足勘定の整理】

・借方残高（現金不足）のとき。

　　（借）雑　　　損　××　　（貸）現金過不足　××
　　　　　　ー費用ー

・貸方残高（現金過剰）のとき。

　　（借）現金過不足　××　　（貸）雑　　　益　××
　　　　　　　　　　　　　　　　　　　　ー収益ー

【決算日に現金過不足が判明したがその原因は不明】

　　（借）雑　　　損　××　　（貸）現　　　金　××←現金不足
　　（借）現　　　金　××　　（貸）雑　　　益　××←現金過剰

次の(1)から(3)の資料にもとづき，決算に必要な仕訳を示しなさい。

(1)

残高試算表

借　方	勘定科目	貸　方
500	現金過不足	

【決算整理事項】

・現金過不足勘定の残高は，その原因が決算日まで判明しなかった。

(2)

残高試算表

借　方	勘定科目	貸　方
	現金過不足	13,000

【決算整理事項】

・決算日において現金過不足のうち，¥12,000 は受取手数料の記入もれであることが判明したが，残額については原因が判明しなかった。

(3)

残高試算表

借　方	勘定科目	貸　方
25,000	現　　金	

【決算整理事項】

・決算日において現金の実際有高は ¥24,600 であった。帳簿残高との不一致の原因は不明である。

解答 answer

(1) （借）雑　　　　損　　　500　　（貸）現金過不足　　　500
(2) （借）現金過不足　13,000　　（貸）受取手数料　12,000
　　　　　　　　　　　　　　　　　　　　雑　　　益　　1,000
(3) （借）雑　　　　損　　　400　　（貸）現　　　金　　　400

解き方 how to solve

(1)　現金過不足勘定が借方残高であることから，現金不足であったことがわかる。そこで，残高の ¥500 を雑損勘定に振り替える。

(2)　現金過不足勘定の貸方に ¥13,000 あることから，現金過剰であったことがわかる。そこで ¥12,000 を受取手数料勘定に振り替え，残額の ¥1,000 は雑益勘定に振り替える。

(3)　決算日に現金過不足が判明したときは，雑損または雑益勘定で処理する。この問題は現金不足（実際＜帳簿）であるから，雑損勘定で処理する。

② 消耗品費勘定の整理

　企業が使用するプリンターの用紙やいろいろな事務用品などを買い入れたときは，**消耗品費勘定**（費用）で処理し，期末に未使用分があるときは，その金額を消耗品費勘定から**消耗品勘定**（資産）に振り替え，次期に繰り越す。

仕　訳

・（決算時）消耗品の未使用高が ¥×× ある。

　　　　（借）消 耗 品　　××　　　（貸）消耗品費　　××
　　　　　　　—資産—　　　　　　　　　　—費用—

例題… 11　　　　　　　　　　　　　　　　　　　　e x e r c i s e

次の取引の仕訳を示しなさい。

01 年 9 月 9 日　事務用消耗品 ¥25,000 を買い入れ，代金は現金で支払った。

02 年 3 月 31 日　決算にあたり，消耗品の未使用分 ¥3,500 を計上した。

解答　answer

01. 9 / 9　（借）消耗品費　25,000　　（貸）現　　金　25,000
02. 3 /31　（借）消 耗 品　　3,500　　（貸）消耗品費　　3,500

解き方　how to solve

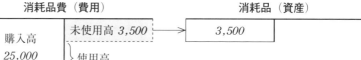

■4■ 棚卸表

決算整理事項をまとめて記載した表を**棚卸表**という。棚卸表を例示すると，次のとおりである。

棚 卸 表

01 年 3 月 31 日

	勘定科目	摘　　要		内　訳	金　額
貸倒れの見積もり	受 取 手 形	期末残高	¥50,000		
	売 　掛　 金	期末残高	¥90,000	140,000	
		貸倒見積額　期末残高の 2%		2,800	137,200
売上原価の計算	繰 越 商 品	A 品 35 台	@ ¥1,000	35,000	
		B 品 25 〃	〃 〃 1,200	30,000	65,000
固定資産減価償却	建 　　　 物	木造平屋建　1 棟			
		取得原価		800,000	
		減価償却累計額[1]　¥180,000			
		当期減価償却費　　〃 36,000		216,000	584,000
	備 　　　 品	机・いす・金庫など			
		取得原価		40,000	
		減価償却累計額[1]　　¥9,000			
		当期減価償却費　　〃 4,500		13,500	26,500
費用の見越し・繰延べ	前払保険料	5 か月分			1,000
	未 払 家 賃	4 か月分			1,800
	消 　耗　 品	未使用額			1,700

[1]　減価償却累計額は p.138 で学習する。

The Bookkeeping ●

第 2 節　　精算表

■1■ 精算表の意味

精算表は残高試算表をもとに損益計算書と貸借対照表を作成する過程，すなわち，決算の過程を 1 つの表にまとめたものである。

ここでは，決算整理仕訳を記入する**整理記入欄**のある **8 けた精算表**について学ぶ。

精　算　表

勘定科目	残高試算表		整 理 記 入		損益計算書		貸借対照表	
	借　方	貸　方	借　方	貸　方	借　方	貸　方	借　方	貸　方

▲ 知っておこう

精算表は必ず作るのか？

精算表は複式簿記にとってなくてはならないものではない。

しかし，精算表でB/SやP/Lを作ることにより，決算の見通しを立てることができ，直接帳簿上で決算するよりも誤りが少ないなどメリットが大きい。

そのため，実務では決算に先立ち精算表を作成することが多い。

残高試算表 → 決算整理仕訳 → 帳簿決算（帳簿の締切り） → P/L, B/S

‥‥‥‥‥‥‥ 決算の過程を一覧表示 ‥‥‥‥‥‥‥

2　精算表の作り方

精　算　表

01 年 3 月 31 日

勘定科目	① 残高試算表		② 整理記入		損益計算書		貸借対照表	
	借　方	貸　方	借　方	貸　方	借　方	貸　方	借　方	貸　方
現　　　金	20,000						20,000	
売　掛　金	5,000						5,000	
貸倒引当金		100		100				200
繰 越 商 品	200		150	200			150	
備　　　品	3,000			500			2,500	
買　掛　金		4,600						4,600
資　本　金		20,000						20,000
繰越利益剰余金		2,500						2,500
売　　　上		17,200				17,200		
仕　　　入	12,000		200	150	12,050			
給　　　料	2,400				2,400			
支 払 家 賃	1,800			300	1,500			
	44,400	44,400						
貸倒引当金繰入			100		100			
A 減価償却費			500		500			
前 払 家 賃			300				300	
B 当期純利益					650	‥③‥		650
			1,250	1,250	17,200	17,200	27,950	27,950

‥② ‥‥‥‥‥‥‥ ④ ‥‥‥‥‥‥‥ ④ ‥

〔作成の手順〕

1．残高試算表欄に記入する（①）。

2．決算整理仕訳を整理記入欄に記入する。なお，勘定科目欄に該当する勘定科目がないときは A の部分に追加記入する。

整理記入欄の借方と貸方の合計額を合計欄に記入し，両者が一致することを確認する（②）。

3. 各勘定ごとに残高試算表欄の金額に整理記入欄の金額を加減し，資産・負債・純資産の勘定は貸借対照表欄に，収益・費用の勘定は損益計算書欄に書き移す。なお，金額を加減するとき，貸借同じ側にあるものは加算し，貸借逆にあるものは減算する[①]。

4. P/L と B/S の借方合計と貸方合計の差額が一致することを確認し，差額を最終行の金額の少ない側にそれぞれ記入する（③）。

なお，P/L の借方と B/S の貸方に差額を記入したときは，勘定科目欄に「当期純利益」と記入する（B）。一方，P/L の貸方と B/S の借方に差額を記入したときは「当期純損失」と記入する。

① 例，仕入勘定
整理記入欄の 200 は，残高試算表欄の 12,000 と貸借同じ側にあるので加算する。一方，整理記入欄の 150 は残高試算表欄の 12,000 と貸借逆にあるので減算する。

解法のテクニック

4 を行うために，P/L と B/S の借方と貸方の合計額と差額を欄外にメモ書きするとよい。

勘定科目	残高試算表		整理記入		P/L		B/S	
	借方	貸方	借方	貸方	借方	貸方	借方	貸方
当期純利益					≫ 650			650 ≪
				少ない側に	16,550	17,200	27,950	27,300	少ない側に
					650		650	

5. 各欄の合計額を記入して締め切る。このとき，各欄の借方合計額と貸方合計額が一致していることを確認する（④）。

例題… 1

exercise

実教商事株式会社（会計期間 01 年 4 月 1 日〜02 年 3 月 31 日）の次の決算整理事項にもとづいて，精算表を作成しなさい。

決算整理事項

1. 期末商品棚卸高　¥53,000

2. 売掛金残高に対して 1.5％の貸倒れを見積もる。なお，差額補充法により処理する。

3. 備品減価償却　備品は 01 年 4 月 1 日に購入し，ただちに使用した。定額法により減価償却費の計算を行い，直接法により記帳する。耐用年数は 6 年，残存価額はゼロと見積もられている。

4. 現金過不足勘定の残高は，原因不明につき雑損として処理する。

5. 消耗品の未使用高が ¥200 ある。

6. 給料の未払高が ¥2,600 ある。

7. 家賃の前払高が ¥16,000 ある。

解答 answer

精 算 表

02 年 3 月 31 日

勘定科目	残高試算表 借 方	残高試算表 貸 方	整理記入 借 方	整理記入 貸 方	損益計算書 借 方	損益計算書 貸 方	貸借対照表 借 方	貸借対照表 貸 方
現　　　金	16,000						16,000	
現金過不足	500			500				
当 座 預 金	175,000						175,000	
売 　掛 　金	140,000						140,000	
貸倒引当金		600		1,500				2,100
繰 越 商 品	54,000		53,000	54,000			53,000	
備　　　品	210,000			35,000			175,000	
買 　掛 　金		73,000						73,000
資 　本 　金		200,000						200,000
繰越利益剰余金		185,000						185,000
売　　　上		687,500				687,500		
仕 　　　入	410,000		54,000	53,000	411,000			
給 　　　料	93,400		2,600		96,000			
支 払 家 賃	40,000			16,000	24,000			
消 耗 品 費	1,000			200	800			
水道光熱費	2,400				2,400			
租 税 公 課	3,800				3,800			
	1,146,100	1,146,100						
貸倒引当金繰入			1,500		1,500			
減価償却費			35,000		35,000			
雑 　　　損			500		500			
消 　耗 　品			200				200	
未 払 給 料				2,600				2,600
前 払 家 賃			16,000				16,000	
当期純利益					112,500			112,500
			162,800	162,800	687,500	687,500	575,200	575,200

解き方 how to solve

〔決算整理仕訳〕

1．（借）仕　　　入　54,000　　（貸）繰 越 商 品　54,000
　　（借）繰 越 商 品　53,000　　（貸）仕　　　入　53,000
　　※売上原価を計算するための決算整理仕訳（p.83 参照）

2．（借）貸倒引当金繰入　1,500　　（貸）貸倒引当金　1,500
　　※貸倒引当金を計上するための決算整理仕訳（p.86 参照）

　　　　　　　　　　　　売掛金残高
　　貸倒引当金見積額　¥140,000×1.5％＝¥2,100

　　　　　　　　　　貸倒引当金見積額　　　貸倒引当金残高
　　貸倒引当金繰入額　　¥2,100　　－　　¥600　　＝¥1,500

3．（借）減 価 償 却 費　*35,000*　　（貸）備　　　品　*35,000*

　　※固定資産の減価償却費を計上するための決算整理仕訳（p.89 参照）

　　　　　　　　　　備品取得原価　　耐用年数
　　減価償却費　¥*210,000*　÷　6 年　＝¥*35,000*

4．（借）雑　　　　損　*500*　　（貸）現金過不足　*500*

　　※現金過不足勘定の整理に関する決算整理仕訳（p.94 参照）

5．（借）消　耗　品　*200*　　（貸）消 耗 品 費　*200*

　　※消耗品費勘定の整理に関する決算整理仕訳（p.96 参照）

　　　消耗品の未使用高を消耗品費勘定から消耗品勘定（資産）に振り

　　替える。

6．（借）給　　　　料　*2,600*　　（貸）未 払 給 料　*2,600*

　　※費用の見越しに関する決算整理仕訳（p.93 参照）

7．（借）前 払 家 賃　*16,000*　　（貸）支 払 家 賃　*16,000*

　　※費用の繰延べに関する決算整理仕訳（p.91 参照）

第 **3** 節　　## 帳簿の締切り（帳簿決算）

　決算において，決算整理が終わったらすべての帳簿を締め切る作業に入る[1]。

① 帳簿の締切りは**帳簿決算**ともいう。

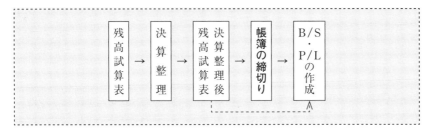

【参考】　決算整理後残高試算表　━━━━━━━━━━━━━━

　決算整理仕訳とその転記が終わったあとで，改めて残高試算表を作成することがある。この残高試算表は決算整理前に作成する試算表と区別し，**決算整理後残高試算表**という[2]。

② p.148 参照。

　なお，決算整理後残高試算表から貸借対照表や損益計算書を作成することもある。

1　損益勘定と振替

　帳簿の締切りに先立ち，2 つの大切なことがらを学習する。1 つは**損益勘定**であり，1 つは**振替**についてである。

（1）　損益勘定

　損益勘定は，決算にあたり収益と費用を１つの勘定に集めるために設けられた勘定である。

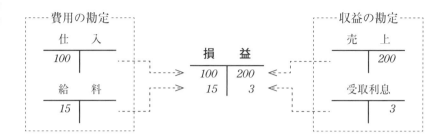

（2）　振　替

　簿記では，ある勘定の金額を他の勘定へ書き移すことがよく行われる。例えば，A 勘定の借方の ¥100 を B 勘定に振り替えたり（例 1），C 勘定の貸方の ¥100 を D 勘定に振り替えたとき（例 2），振替後の各勘定の記入は次のようになる。

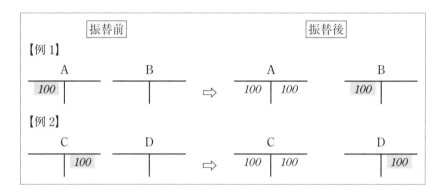

　振替後の各勘定残高をみると，例 1 では，A 勘定はゼロ，B 勘定は借方に ¥100 となり，例 2 では，C 勘定はゼロ，D 勘定は貸方に ¥100 となる。この結果，振替によって，A 勘定借方の ¥100 が B 勘定の借方に，C 勘定貸方の ¥100 が D 勘定の貸方にそれぞれ移動したことがわかる。

　このように，ある勘定の借方の金額を他の勘定の借方に，ある勘定の貸方の金額を他の勘定の貸方に書き移すことを振替という。

　振替は，日々の取引と同じように仕訳を通して行い，振替を行うための仕訳は**振替仕訳**という。なお，帳簿決算における振替仕訳は**決算振替仕訳**という。

　　振替仕訳　A 勘定の ¥100 を B 勘定に振り替えるときの振替仕訳は次のように行う。

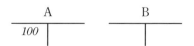

左側の知っておこうコラム：

▲ 知っておこう

損益勘定について

①決算のときにだけ出てくる勘定である。

②収益と費用が混在する勘定である（このような勘定を混合勘定という）。

振替の手順

1. Ａ勘定から¥*100* を差し引く　→（そのため）　Ａ勘定の反対側（貸方）に¥*100* 記入する…①

2. Ｂ勘定に¥*100* を書き移す　→（そのため）　Ｂ勘定の借方（Ａ勘定と同じ側）に¥*100* 記入する…②

振替の手順を矢印で示せば下図の〔1〕のようになり，勘定面で示せば〔2〕のようになる。

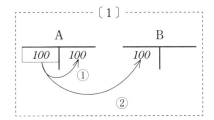 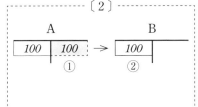

機械的に覚えるには

振替は，「同じ勘定の反対側（①）と振り替える勘定の同じ側（②）に記入する」と覚える。

3. ①と②を仕訳であらわす

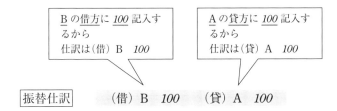

Ｂの借方に*100* 記入するから仕訳は（借）Ｂ　*100*	Ａの貸方に*100* 記入するから仕訳は（貸）Ａ　*100*

振替仕訳　　　（借）Ｂ　*100*　　（貸）Ａ　*100*

例題… 1　　　　　　　　　　　　　　　　　　　exercise

売上勘定の残高¥*10* を損益勘定に振り替えたときの振替仕訳を示しなさい。

損　益	売　上
	10

解説・解答　explanation / answer

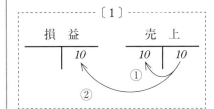 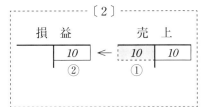

・売上勘定の借方に記入する（①）　　------->　（借）売　上　10

・損益勘定の貸方に記入する（②）　　------->　（貸）損　益　10

〔振替仕訳〕（借）売　上　10　　　（貸）損　益　10

仕訳は　　仕訳は

例題… **2**

exercise

給料勘定の残高 ¥5 を損益勘定に振り替えたときの振替仕訳を示しなさい。

給　料	損　益
5	

解説・解答 | explanation / answer

給　料	損　益
5 ｜ 5 →	5 ｜

・給料勘定の貸方に記入する　　----------->　（貸）給　料　5

・損益勘定の借方に記入する　　----------->　（借）損　益　5

〔振替仕訳〕（借）損　益　5　　　（貸）給　料　5

2 帳簿の締切り（帳簿決算）

　帳簿の締切りは総勘定元帳の各勘定および仕訳帳を締め切るための手続きである。その手順は次のとおりである。

――――――――― **帳簿の締切り手順** ―――――――――
1．収益の勘定残高を損益勘定に振り替える。
2．費用の勘定残高を損益勘定に振り替える。
3．損益勘定の残高（当期純損益）を繰越利益剰余金勘定へ振り替える。
4．すべての勘定を締め切る。

（1）　収益の勘定残高を損益勘定に振り替える

例題… **3**

exercise

　収益の勘定残高を損益勘定に振り替えるための仕訳を示し，各勘定に転記しなさい。なお，決算日は 3 月 31 日である。

損　益	売　上
	200

	受取利息
	3

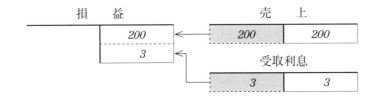

〔振替仕訳〕 3/31 （借）売　　上　200　　（貸）損　　益　203
　　　　　　　　　　　　受取利息　　3

損益勘定への転記は要注意!!

　本問の振替仕訳を損益勘定に転記するとき，損益勘定への転記に
かぎり，相手勘定科目を個別に転記する。

損　　益	
	3/31 売　　上 200
	〃　受取利息　　3

〔転記〕

損　　益			売　　上	
	3/31 売　　上 200		3/31 損益 200	200
	〃　受取利息　　3			

受取利息	
	3/31 損益　3	3

（2）　費用の勘定残高を損益勘定に振り替える

例題… 4   e x e r c i s e

　費用の勘定残高を損益勘定に振り替えるための仕訳を示し，各勘定に転記し
なさい。なお，決算日は 3 月 31 日である。

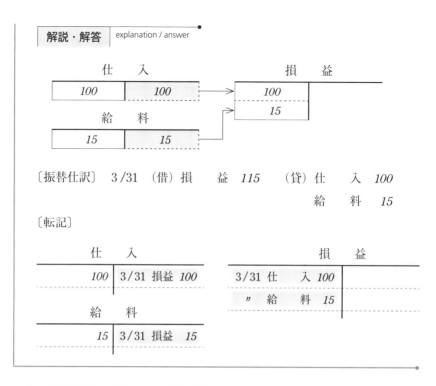

〔振替仕訳〕 3/31 （借）損　　益　115　（貸）仕　　入　100
　　　　　　　　　　　　　　　　　　　　　　　　　給　料　　15

〔転記〕

仕　　入		損　　益	
100	3/31 損益 100	3/31 仕　　入 100	
		〃 給　　料 15	

給　　料	
15	3/31 損益　15

（3）　損益勘定の残高（当期純損益）を繰越利益剰余金勘定に振り替える

　例題3および4より，すべての収益と費用は次のように損益勘定に集められた。

損　　益	
3/31 仕　　入 100	3/31 売　　上 200
〃 給　　料 15	〃 受取利息 3

　損益勘定の残高は当期純利益（または当期純損失）をあらわすので，損益勘定の残高はもうけた利益の蓄積額をあらわす繰越利益剰余金勘定（純資産）に振り替える。

例題… 5

　損益勘定の残高を繰越利益剰余金勘定に振り替えるための仕訳を示し，各勘定に転記しなさい。なお，決算日は3月31日である。

繰越利益剰余金		損　　益	
	1,000	3/31 仕　　入 100	3/31 売　　上 200
		〃 給　　料 15	〃 受取利息 3

解説・解答　explanation / answer

・損益勘定の残高を求める。

損　益　｜　88　←　損　益　115／203、88

・損益勘定の残高を繰越利益剰余金勘定に振り替える。

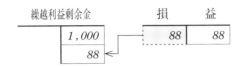

繰越利益剰余金　1,000／88←　損　益　88／88

〔振替仕訳〕　3/31　（借）損　　益　88　　（貸）繰越利益剰余金　88

〔転記〕

繰越利益剰余金		損　益	
	1,000	3/31 仕　入 100	3/31 売　上 200
3/31 損益 88		〃 給　料 15	〃 受取利息 3
		〃 繰越利益剰余金 88	

総合例題　exercise

帳簿を締め切るために必要な仕訳を示し，各勘定に転記しなさい。なお，決算日は 3 月 31 日である。

売　上		受 取 手 数 料	
	16,200		800

仕　入		給　料	
12,500		2,400	

貸倒引当金繰入		減 価 償 却 費	
100		500	

繰越利益剰余金		損　益	
	3,300		

解き方　how to solve

・「帳簿の締切り手順」にそって記帳する。そのさい，必ず決算振替仕訳を行いそのつど転記する。

解答 answer

〔決算振替仕訳〕

3/31 （借）売　　　　　上 *16,200*　（貸）損　　　　　益 *17,000*

　　　　　　受 取 手 数 料 *800*

　 〃 　（借）損　　　　　益 *15,500*　（貸）仕　　　　　入 *12,500*

　　　　　　　　　　　　　　　　　　　給　　　　　料 *2,400*

　　　　　　　　　　　　　　　　　　　貸倒引当金繰入 *100*

　　　　　　　　　　　　　　　　　　　減 価 償 却 費 *500*

　 〃 　（借）損　　　　　益 *1,500*　（貸）繰越利益剰余金 *1,500*

〔勘定への転記〕

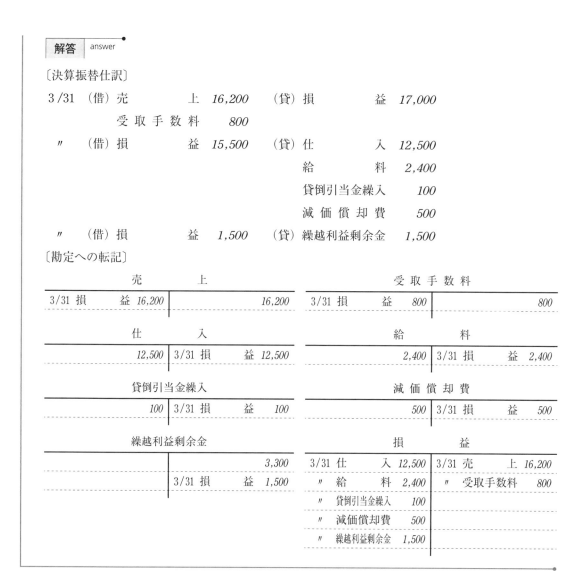

売　　　　上			受 取 手 数 料		
3/31 損　　益 *16,200*		*16,200*	3/31 損　　益 *800*		*800*

仕　　　　入			給　　　　料		
	12,500	3/31 損　　益 *12,500*		*2,400*	3/31 損　　益 *2,400*

貸倒引当金繰入			減 価 償 却 費		
	100	3/31 損　　益 *100*		*500*	3/31 損　　益 *500*

繰越利益剰余金			損　　　　益		
		3,300	3/31 仕　　　入 *12,500*	3/31 売　　　上 *16,200*	
	3/31 損　　益 *1,500*		〃 　給　　　料 *2,400*	〃 　受取手数料 *800*	
			〃 　貸倒引当金繰入 *100*		
			〃 　減価償却費 *500*		
			〃 　繰越利益剰余金 *1,500*		

（4）　すべての勘定を締め切る

①　収益・費用の各勘定および損益勘定の締切り

　　いままでの手続きによって，収益と費用の勘定残高は損益勘定に振り替え，損益勘定の残高は繰越利益剰余金勘定に振り替えた。そのため，収益・費用・損益のそれぞれの勘定はいずれも残高がゼロになっている。このように，残高がゼロになった勘定をどのように締め切るか，例題により学習する。

例題… **6**　　　　　　　　　　　　　　　　　　　　exercise

次の勘定を締め切りなさい。なお，決算日は3月31日である。

仕　　　入		損　　　益	
100	3/31 損益 *100*	3/31 仕　入 *100*	3/31 売 上 *200*
		〃 　給　料 *15*	〃 　受取利息 *3*
		〃 繰越利益剰余金 *88*	

1）借方・貸方ともに1行の場合

	仕		入		
		100	3/31 損 益	*100*	①

・締切線を引く（①）。

2）それ以外の場合

	損		益		
3/31	仕 入	*100*	3/31 売 上	*200*	
〃	給 料	*15*	〃 受取利息	*3*	
〃	繰越利益剰余金	*88*			①
		203	…②……	*203*	③

1．最終行に合計線（余白があるときは斜線）を引く（①）。
2．合計額を記入する（②）。
3．締切線を引く（③）。

② 資産・負債・純資産の各勘定の締切り

これらの勘定は収益や費用などの勘定と異なり，別の勘定へ振り替えることがないので期末残高が存在する。そのため，これらの勘定を締め切る場合は，期末残高の繰越記入が必要となる①。例題により学習する。

① このような締切り方法を**英米式**という。

例題… 7 exercise

次の勘定を締め切りなさい。なお，決算日は3月31日である。

	現		金	
	100		*200*	
	300			
	235			

	繰越利益剰余金		
			1,000
		3/31 損 益	*135*

1．合計金額が多い側から少ない側を差し引いて，少ない側に赤で**日付，次期繰越，金額（差額）**を記入する（①）。
2．最終行に合計線（余白があるときは斜線）を引く（②）。
3．合計額を記入する（③）。
4．締切線を引く（④）。
5．次期繰越と記入した反対側の最初の行に，翌期首の**日付，前期繰越，金額**を記入する（⑤）。これを**開始記入**という。開始記入は帳簿の締切りにあたらないが，延長手続きとして行う。

現　　金

	100		200	
	300	3/31 次期繰越	435	①
	235			②
	635	…③………	635	④
⑤ 4/1 前期繰越	435			

繰越利益剰余金

① 3/31 次期繰越	1,135		1,000	
		3/31 損　益	135	②
	1,135	…③………	1,135	④
		4/1 前期繰越	1,135	⑤

3　損益計算書と貸借対照表の作成

Point!

「決算手続き」をしっかり押さえておくことが，いろいろな問題を解くときの応用力になる。

① 決算整理後の仕入勘定の残高は売上原価をあらわすからである。

　帳簿の締切りが終わったら**損益計算書**と**貸借対照表**を作成する。損益計算書と貸借対照表をまとめて**財務諸表**（Financial Statements：F/Sと略す）という。

　損益計算書は，会計期間における経営成績を明らかにするために，すべての収益と費用を記載したものである。そのさい，仕入勘定は「**売上原価**」[①]，売上勘定は「**売上高**」とそれぞれ表示する。

　一方，貸借対照表は，一定時点における財政状態を明らかにするために，すべての資産・負債・純資産を記載したものである。そのさい，貸倒引当金は受取手形や売掛金の勘定から控除する形式で表示し，繰越商品は「**商品**」，前払保険料や前払家賃は「**前払費用**」，未払家賃や未払給料などは「**未払費用**」とそれぞれ表示する。

　なお，損益計算書や貸借対照表は，総勘定元帳の各勘定残高や決算整理後残高試算表などをもとに作成する。

次の決算整理後残高試算表から，永田商事(株)の損益計算書と貸借対照表を作成しなさい。

決算整理後残高試算表

02 年 3 月 31 日

借 方	勘 定 科 目	貸 方
17,500	現　　　　　金	
175,000	当 座 預 金	
140,000	売 　掛 　金	
	貸 倒 引 当 金	2,100
53,000	繰 越 商 品	
16,000	前 払 家 賃	
175,000	備　　　　　品	
	買 　掛 　金	73,000
	未 払 給 料	2,600
	資 　本 　金	200,000
	繰越利益剰余金	185,000
	売　　　　　上	687,500
411,000	仕　　　　　入	
96,000	給　　　　　料	
1,500	貸倒引当金繰入	
35,000	減 価 償 却 費	
24,000	支 払 家 賃	
2,400	水 道 光 熱 費	
3,800	租 税 公 課	
1,150,200		1,150,200

解答 | answer

損益計算書

永田商事(株)　01 年 4 月 1 日から 02 年 3 月 31 日まで　　　（単位：円）

	費　　　　用	金　額	収　　　　益	金　額	
仕入→	売 上 原 価	411,000	売 　上 　高	687,500	←売上
	給　　　　料	96,000			
	貸倒引当金繰入	1,500			
	減 価 償 却 費	35,000			
	支 払 家 賃	24,000			
	水 道 光 熱 費	2,400			
	租 税 公 課	3,800			
	当 期 純 利 益	**113,800**			
		687,500		687,500	

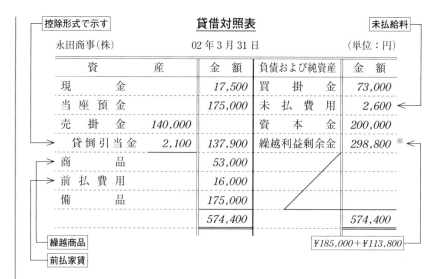

※繰越利益剰余金

　決算整理後残高試算表の繰越利益剰余金 ¥185,000 は，当期の利益を振り替える前（決算振替仕訳を行う前）の金額であるから，貸借対照表における金額は ¥185,000 に損益計算書の当期純利益 ¥113,800 を加算して求める。

応用編

　この編では，基礎編で学んだ知識をもとに，さらに一歩進んだ商業簿記の修得を目指す。小規模企業における企業活動や会計実務を踏まえ，経理関連書類の適切な処理を行うために必要とされるレベルの内容である。

　基礎編の関連箇所を示してあるので，基礎編の内容を振り返りながら学習しよう。

1	現金・預金取引	基礎編 第2章 第1節関連
2	商品売買取引	基礎編 第2章 第2節関連
3	掛け取引	基礎編 第2章 第3節関連
4	手形取引	基礎編 第2章 第4節関連
5	その他の債権・債務の取引	基礎編 第2章 第5節関連
6	株式会社の税金	基礎編 第2章 第8節関連
7	株式会社の資本取引	基礎編 第2章 第9節関連
8	伝　票	基礎編 第2章 第10節関連
9	決算整理	基礎編 第3章 第1節関連

1 現金・預金取引

■自己振出しの小切手の受入れ

　他人振出しの小切手を受け入れたときは現金として扱うが，自社が振り出した小切手（この小切手を**自己振出しの小切手**という）を，自社が受け取る場合は，小切手を振り出したときの反対の仕訳，つまり当座預金の増加取引となる。

> **仕　訳**
>
> ・他人振出しの小切手を受け取った。
> 　　　　（借）現　　金　××　　（貸）○○○　××
> ・自己振出しの小切手を受け取った。
> 　　　　（借）当座預金　××　　（貸）○○○　××

例題… 1　　　　　　　　　　　　　　　　　　　exercise

次の取引の仕訳を示しなさい。

　6 月15日　徳山商店に対する売掛金 ¥200 を同店振出しの小切手で受け取った。

　　　22日　下関商店に対する売掛金 ¥100 を当社振出しの小切手で受け取った。

解答 | answer

6 /15　（借）現　　金　200　　（貸）売 掛 金　200
　22　（借）当座預金　100　　（貸）売 掛 金　100

解き方 | how to solve

6 /15　「**同店振出しの小切手**」は他人（徳山商店）振出しの小切手である。

　22　「**当社振出しの小切手**」は自己振出しの小切手である。

■当座借越

　当座預金の残高が ¥100 のときに，¥130 の小切手が銀行に持ち込まれても，銀行は小切手と引替えに現金を支払うことはしない。この状態を**不渡り**といい，この小切手を**不渡小切手**という。

しかし，企業が銀行との間で，当座借越契約を結び，借越限度額を決めておけば，その限度額までは不渡りにならずに，銀行は小切手の支払いに応じる。

この場合，当座預金の残高がゼロになってからの小切手の振出しを**当座借越**という。当座預金勘定の残高が貸方に生じたときは，当座借越の状態であることをあらわし，銀行からの一時的な借入れを意味する。

簿記では，決算において，当座預金勘定の残高が貸方に生じている場合，その残高を，当座預金勘定から銀行からの借入れを意味する**当座借越勘定**（負債）に振り替える。

仕　訳

・決算日に当座預金勘定の残高が貸方に生じた。

（借）当座預金　　××　　（貸）当座借越　　××
　　　　　　　　　　　　　　　　　　―負債―

例題… 2　　　　　　　　　　　　　　　　　　　　　　exercise

次の設問に答えなさい。

(1)　次の取引の仕訳を示しなさい。

　3 月31日　決算にあたり，当座預金勘定の貸方残高 ¥1,200 を当座借越勘定に振り替えた。

(2)　次の取引の仕訳を示し，**当座預金出納帳に記入しなさい。また，銀行と借越限度額 ¥1,000,000 の当座借越契約を結んでいる。なお，当座預金の前月繰越高は ¥120,000 である。**

　6 月15日　深谷商店に対する買掛金 ¥150,000 を，小切手#22 を振り出して支払った。

　　　18日　5 月分の通信費 ¥15,000 が当座預金口座より引き落とされた。

　　　25日　熊谷商店より売掛金 ¥200,000 について，当座預金口座への振込みを受けた。

解説・解答　explanation / answer

(1)　3 /31　（借）当座預金　　　1,200　　（貸）当座借越　　　1,200

(2)　6 /15　（借）買 掛 金　150,000　　（貸）当座預金　150,000

　　　18　（借）通 信 費　 15,000　　（貸）当座預金　 15,000

　　　25　（借）当座預金　200,000　　（貸）売 掛 金　200,000

当座預金出納帳

01年		摘　　要	預　入	引　出	借または貸	残　高
6	1	前月繰越	120,000		借	120,000
	15	買掛金支払い，深谷商店，小切手＃22		150,000	貸	30,000①
	18	5月分通信費自動引落し		15,000	〃	45,000
	25	売掛金回収，熊谷商店	200,000		借	155,000

① 残高が貸方に¥30,000であることをあらわす。

（借）当座預金××の取引を記入する

（貸）当座預金××の取引を記入する。なお，小切手を振り出したときは額面金額で記入する

■2■ その他の銀行預金

　企業が，複数の金融機関に預金口座を持っている場合，勘定科目に銀行名や信用金庫名などを付けることもある。

例題… 3　　　　　　　　　　　　　　　　　exercise

　次の取引の仕訳を示しなさい。

　水道橋銀行の普通預金より ¥1,000,000 を引き出し，水道橋銀行と市ヶ谷銀行にそれぞれ ¥500,000 を定期預金として預け入れた。なお，当社は口座の種別と銀行名を組み合わせた勘定科目で処理している。

解答　answer

（借）定期預金水道橋銀行　500,000　　（貸）普通預金水道橋銀行　1,000,000
　　　定期預金市ヶ谷銀行　500,000

1 商品有高帳（移動平均法）

商品有高帳の記帳方法には先入先出法の他に**移動平均法**がある。移動平均法は，異なる単価の商品を仕入れるつど，以下の算式にもとづき平均単価を計算し，その金額を払出単価とする方法である。

$$平均単価 = \frac{受入直前の残高欄の金額 ＋ 受入欄の仕入金額}{受入直前の残高欄の数量 ＋ 受入欄の仕入数量}$$

なお，仕入戻しや売上戻りは数量の変動をともなうので商品有高帳に記帳する。そのさい，仕入戻しは払出欄に，売上戻りは受入欄に記入する。

例題… 1   e x e r c i s e

次の商品 B の資料にもとづいて，移動平均法によって商品有高帳に記入し，締め切りなさい。

7/1	前月繰越	10 個	@¥200	7/19	売上げ	35 個	@¥310
12	仕入れ	40 〃	〃 220	20	売上戻り	5 〃	〃 310
16	仕入戻し	10 〃	〃 220	25	仕入れ	30 〃	〃 223

解答 answer

商品有高帳

移動平均法　　　　　　　　　商品 B　　　　　　　　　（単位：円）

01年		摘　要	受　　入			払　　出			残　　高		
			数量	単価	金額	数量	単価	金額	数量	単価	金額
7	1	前月繰越	10	200	2,000				10	200	2,000
	12	仕 入 れ	40	220	8,800				50	①216	10,800
	16	仕入戻し				10	220	2,200	40	215	8,600
	19	売 上 げ				35	②215	7,525	5	215	1,075
	20	売上戻り	5	③215	1,075				10	215	2,150
	25	仕 入 れ	30	223	6,690				40	221	8,840
	31	**次月繰越**				40	221	8,840			
			85		18,565	85		18,565			
8	1	前月繰越	40	221	8,840				40	221	8,840

解き方 how to solve

① $\dfrac{¥2,000＋¥8,800}{10 個＋40 個} = @¥216$

② 資料の@¥310 は売価である。商品有高帳には原価で記帳する。

③ 売上戻りは受入欄に記入する。なお，単価は売り上げたときに記帳した原価の@¥215 を記入する。

3 掛け取引

■1■ クレジット売掛金

商品を販売し，買手が商品代金をクレジットカードで支払う取引では，買手は商品代金をクレジット会社に一括あるいは分割で支払い，売手は商品代金を後日クレジット会社からまとめて受け取る。

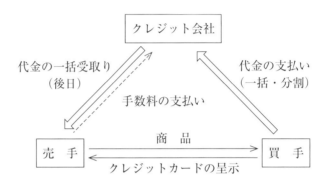

クレジットカードにより商品を売り渡したとき，売手にはクレジット会社に対して債権が生じるので，掛け売上げにおける債権（売掛金）と区別し**クレジット売掛金勘定**[1]（資産）の借方に記入する。そのさい，売上高からクレジット会社に支払う手数料を差し引いた額を計上する。なお，手数料は支払手数料勘定で処理する。

クレジット売掛金をクレジット会社から回収したときは，クレジット売掛金勘定の貸方に記入する。

① 貸借対照表では売掛金に含めて表示する。

> **仕 訳**
>
> ・クレジットカードで商品を売り上げた。
>
> （借）クレジット売掛金　××　　（貸）売　　　　上　××
> 　　　　　―資産―
>
> 　　　支 払 手 数 料　××　　売上－支払手数料
> 　　　　　―費用―
>
> ・クレジット売掛金を回収した。
>
> （借）当 座 預 金 な ど　××　　（貸）クレジット売掛金　××

次の一連の取引の仕訳を示しなさい。

（1）　商品 ¥*140,000* をクレジット払いの条件で売り渡した。なお，ク
　　　　レジット会社への手数料（売上代金の5%）は販売時に計上する。

（2）　クレジット会社から，上記手取額が当座預金口座に振り込まれた。

解答　answer

（1）　（借）クレジット売掛金　*133,000*　（貸）売　　　　上　*140,000*

　　　　　　支 払 手 数 料　*7,000*

（2）　（借）当 座 預 金　*133,000*　（貸）クレジット売掛金　*133,000*

4 手形取引

■1■ 電子記録債権・電子記録債務

　売掛金（買掛金）や受取手形（支払手形）などと異なる新しい債権・債務として，**電子記録債権・電子記録債務**がある。

　企業は，売上債権（債務）や手形債権（債務）を電子化し，インターネット上で取引を完結させることで，事務作業を軽減したり印紙税などのコストを削減することができるとともに，取引を安全・簡易・迅速に行うことができる。

　例えば，債務者が買掛金を電子記録債権（でんさい）で支払う場合，取引の流れは次のとおりである。

❶ 債務者が，金融機関を通して，電子債権記録機関[①]に「発生記録」[②]の手続き（**発生記録の請求**）を行う。

❷ 債権者に「**発生記録の通知**」が行われる。

❸ 支払期日に，債務者の預金口座より債権者の預金口座へ入金が行われる。

① インターネット上の電子記録債権を管理している機関である。

② 手形の振出しと同じように，支払金額や支払場所，支払期日などをインターネット上で登録することである。

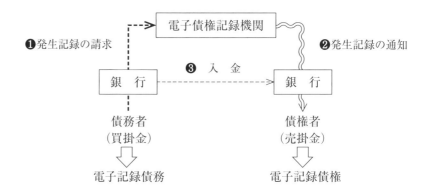

　債務者は発生記録の請求をしたとき，買掛金を**電子記録債務勘定**（負債）に振り替える。一方，発生記録の通知を受けた債権者は，売掛金を**電子記録債権勘定**（資産）に振り替える。

　なお，債権者が，売掛金を回収するために，債務者の承諾を得て，電子記録債権の発生記録の請求をしたとき[③]，売掛金を電子記録債権勘定に振り替える。一方，発生記録の通知を受けた債務者は，買掛金を電子記録債務勘定に振り替える。

③ この場合は債務者の承諾が必要である。

例題… 1

exercise

次の取引について，両社の仕訳を示しなさい。

(1) 西尾商事(株)は，岡崎商事(株)に対する買掛金 ¥230,000 の支払いを電子債権記録機関で行うため，電子記録債務の発生記録の請求を行った。また，岡崎商事は取引銀行よりその通知を受けた。

(2) 豊橋商事(株)は，蒲郡商事(株)に対する売掛金 ¥360,000 について，同社の承諾を得て，電子債権記録機関に電子記録債権の発生記録の請求を行った。また，蒲郡商事はその通知を受けた。

(3) 西尾商事は，上記(1)の電子記録債務 ¥230,000 について支払期日が到来し，当座預金口座より岡崎商事の普通預金口座に振り込んだ。

解答 answer

(1) 西尾商事

（借）買　掛　金　230,000 　　（貸）電子記録債務　230,000

岡崎商事

（借）電子記録債権　230,000 　　（貸）売　掛　金　230,000

(2) 豊橋商事

（借）電子記録債権　360,000 　　（貸）売　掛　金　360,000

蒲郡商事

（借）買　掛　金　360,000 　　（貸）電子記録債務　360,000

(3) 西尾商事

（借）電子記録債務　230,000 　　（貸）当　座　預　金　230,000

岡崎商事

（借）普　通　預　金　230,000 　　（貸）電子記録債権　230,000

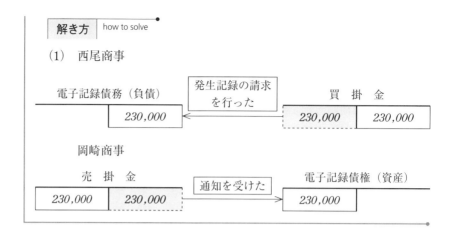

解き方 | how to solve

(1) 西尾商事

電子記録債務（負債） | 発生記録の請求を行った | 買 掛 金
230,000 | | 230,000 | 230,000

岡崎商事

売 掛 金 | 通知を受けた | 電子記録債権（資産）
230,000 | 230,000 | | 230,000

2 受取手形記入帳・支払手形記入帳

手形取引の明細を記録する補助簿として，**受取手形記入帳**と**支払手形記入帳**がある。

受取手形記入帳は手形債権の増加・減少についての明細を記録するもので，受取手形勘定の補助簿である。

支払手形記入帳は手形債務の増加・減少についての明細を記録するもので，支払手形勘定の補助簿である。いずれも企業が手形を管理するうえで大切な帳簿である。

p.60の例題1の坂戸商店と川越商事(株)の取引を，受取手形記入帳と支払手形記入帳に記帳すると次のようになる。なお，手形の詳細はp.59の約束手形を参照する。

手形の呈示期間
手形金額を受け取ることのできる期間（呈示期間）は，**支払期日を含めて3日間**である。この期間を過ぎるといっさい取立ができない。また，振り出した手形が不渡りになったときは，小切手と同じように不渡処分を受け（p.114, 159参照），事実上の倒産に追い込まれる。
そのため企業にとっては，手形の管理はとても大切なことである。

▲ 知っておこう

〔坂戸商店〕 **受取手形記入帳**

01年		摘 要	金 額	手形種類	手形番号	支払人	振出人または裏書人	振出日		支払期日		支払場所	てん末		
													月	日	摘要
5	1	売上げ	100,000	約手	3	川越商事	川越商事	5	1	8	1	国際銀行川越支店	8	1	受取り

手形債権が増加したとき記入
つまり，次の仕訳を行ったとき記入する
（借）受取手形 ×× （貸）○○ ××

手形債権が減少したとき記入
つまり，次の仕訳を行ったとき記入する
（借）○○ ×× （貸）受取手形 ××

〔川越商事〕 **支払手形記入帳**

01年		摘 要	金 額	手形種類	手形番号	受取人	振出人	振出日		支払期日		支払場所	てん末		
													月	日	摘要
5	1	仕入れ	100,000	約手	3	坂戸商店	当 社	5	1	8	1	国際銀行川越支店	8	1	支払い

手形債務が増加したとき記入
つまり，次の仕訳を行ったとき記入する
（借）○○ ×× （貸）支払手形 ××

手形債務が減少したとき記入
つまり，次の仕訳を行ったとき記入する
（借）支払手形 ×× （貸）○○ ××

例題… 2

次の取引の仕訳を示し，受取手形記入帳に記入しなさい。

9 月 5 日　高崎商店に商品 ¥250,000 を売り渡し，代金として同店振出しの約束手形#7（振出日 9 月 5 日　支払期日 11 月 5 日　支払場所　上州銀行本店）を受け取った。

　　 9 日　前橋商店から売掛金 ¥180,000 の回収として，同店振出しの約束手形#4（振出日 9 月 9 日　支払期日 12 月 9 日　支払場所　赤城銀行本店）を受け取った。

11 月 5 日　高崎商店振出しの約束手形 #7 が期日になり，当座預金に入金されたむね，取引銀行から通知を受けた。

解答 | answer

〔仕訳〕

9 / 5 （借）受取手形　250,000　　（貸）売　　　上　250,000

　 9 （借）受取手形　180,000　　（貸）売 掛 金　180,000

11/ 5 （借）当座預金　250,000　　（貸）受取手形　250,000

〔記帳〕

受取手形記入帳

01年		摘　要	金　額	手形種類	手形番号	支払人	振出人または裏書人	振出日		支払期日		支払場所	てん末		
													月	日	摘　要
9	5	売 上 げ	250,000	約手	7	高崎商店	高崎商店	9	5	11	5	上州銀行本店	11	5	受取り
	9	売掛金回収	180,000	約手	4	前橋商店	前橋商店	9	9	12	9	赤城銀行本店			

解き方 | how to solve

・仕訳が（借）受取手形のとき，受取手形記入帳の日付から支払場所までを記入する。

・仕訳が（貸）受取手形のとき，受取手形記入帳のてん末欄に記入する。

5　その他の債権・債務の取引

1　役員貸付金・役員借入金

企業は役員との間で金銭等を貸借することがある。企業が役員に金銭を貸し付けたときに生じる債権は**役員貸付金勘定**（資産）で処理し，資金が不足したときなどに役員から金銭を借り入れたときに生じる債務は**役員借入金勘定**（負債）で処理する[1]。

① 役員貸付金勘定は貸付金勘定で，役員借入金勘定は借入金勘定で処理してもよい。

例題… 1　　　　　　　　　　　　　　　　　　　　　　　exercise

次の取引の仕訳を示しなさい。

深谷商事(株)は，運転資金の不足を補うために一時的に，役員の渋沢太郎氏から現金 ¥500,000 を借り入れ，借用証書を差し入れた。

解答 | answer

（借）現　　　金　500,000　　（貸）役員借入金　500,000

2　法定福利費

社会保険料については，企業もその一部を従業員のために負担する。企業が従業員のために負担する社会保険料は法定福利費といい，納付したとき**法定福利費勘定**（費用）の借方に記入する[2]。

② 一般には，金融機関を通して社会保険事務所などに納付する。

仕　訳

・社会保険料の従業員負担額および会社負担額を納付した。

（借）社会保険料預り金　××　　（貸）○　　○　　○　××
　　　法 定 福 利 費　××
　　　　　―費用―

例題… 2　　　　　　　　　　　　　　　　　　　　　　　exercise

東京商事(株)の次の取引の仕訳を示しなさい。

7 月 30 日　従業員から預かった社会保険料 ¥5,100 に，会社の負担額 ¥5,100 を加えた ¥10,200 を普通預金口座から納付した。

8 月 7 日　所得税の源泉徴収額 ¥43,000 を税務署に現金で納付した。

解答 | answer

7 /30　（借）社会保険料預り金　5,100　　（貸）普 通 預 金　10,200
　　　　　　法 定 福 利 費　5,100

8 /7　（借）所得税預り金　43,000　　（貸）現　　　金　43,000

■3 仮払金・電子マネー

あらかじめカードに現金を入金（チャージ）し，その金額内で商品または
サービスの代金決済に利用できるプリペイド式の電子マネーに，現金を
チャージしたときは，仮払金勘定で処理し，電子マネーを使ったとき仮払金
を取り崩す。

例題… 3	exercise

次の取引の仕訳を示しなさい。

(1) 電子マネーに現金 ¥10,000 をチャージした。

(2) 電子マネーを使い電車賃 ¥250 を支払った。

解答 answer

(1) （借）仮 払 金 *10,000* （貸）現 金 *10,000*

(2) （借）旅費交通費 *250* （貸）仮 払 金 *250*

■4 受取商品券

商品を売り上げ，代金として全国百貨店共通商品券やビール券など他の会
社が発行する商品券や，地域振興のために地元商工会議所等が発行する商品
券を受け取ることがある。これら商品券を受け取ったとき，商品券の発行元
に対して債権①が発生するので，**受取商品券勘定**②（資産）の借方に記入する。
そして，後日，受け取った商品券の換金手続きが行われたとき，受取商品券
勘定の貸方に記入する。

① 商品券の金額を受け取る権利。

② 全経簿記2級では，**他店商品券勘定**として出題される。

仕 訳

・商品を売り渡し，他社が発行した共通商品券を受け取った。

（借）受取商品券 ×× （貸）売 上 ××
　　　―資産―

・共通商品券の換金手続きを行った。

（借）○ ○ ○ ×× （貸）受取商品券 ××

例題… 4	exercise

次の取引の仕訳を示しなさい。

(1) 商品 ¥15,000 を売り渡し，代金のうち ¥10,000 は地元商工会議所
　　が発行した地域振興商品券を受け取り，残額を現金で受け取った。

(2) 売上代金として受け取った地域振興商品券 ¥450,000 について，
　　換金手続きを行い同額が普通預金口座に振り込まれた。

(1) （借）受取商品券　*10,000*　　（貸）売　　　　上　*15,000*
　　　　現　　　金　*5,000*

(2) （借）普 通 預 金　*450,000*　　（貸）受取商品券　*450,000*

■5■　差入保証金

　企業が，営業用の建物や駐車場など不動産の賃貸借契約を結ぶにあたり，貸主に担保として敷金を支払うことがある。

　簿記では，敷金を支払ったときは**差入保証金勘定**（資産）の借方に記入する。敷金は建物等の使用に問題がなければ，原則として全額が返却されるので，当期の費用とせず資産として処理する[①]。

① 礼金は支払家賃勘定で，仲介手数料は支払手数料勘定で処理する。

> **仕　訳**
>
> ・建物の賃貸借契約を結び敷金を支払った。
>
> 　（借）差入保証金　××　　（貸）○　○　○　××
> 　　　　─資産─

例題… 5
exercise

次の取引の仕訳を示しなさい。

　貸店舗の賃借にあたり，実教不動産に敷金 *¥300,000*，仲介手数料 *¥150,000*，1か月分の家賃 *¥300,000* を普通預金口座より振り込んだ。

> **解答** | answer
>
> （借）差入保証金　*300,000*　　（貸）普 通 預 金　*750,000*
> 　　　　支払手数料　*150,000*
> 　　　　支 払 家 賃　*300,000*

> **解き方** | how to solve
>
> ・敷金，仲介手数料，家賃はそれぞれ別々の勘定で処理する。

6　株式会社の税金

1　法人税，住民税，事業税

　株式会社が支払う税金には，費用として処理できる税金や消費税の他にも，利益に対して課税される**法人税，住民税，事業税**がある。

　法人税，住民税，事業税の3つの税金は一般に**法人税等**といい，その会計処理は①中間申告時，②決算時，③確定申告時で行われる。

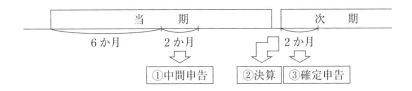

①　中間申告時

　法人税等は，1年間に企業が得た利益に対して課されるものであるが，期の途中で，当期に見込まれる税金の半額を申告し納付する中間納付制度がある。中間納付したときは**仮払法人税等勘定**（資産）の借方に記入する。

②　決算時

　決算において，当期の法人税等の金額が確定したとき，その金額を**法人税、住民税及び事業税勘定**[1]（費用）の借方に記入するとともに，すでに支払った仮払法人税等を差し引き，不足額を**未払法人税等勘定**（負債）の貸方に記入する。

[1] **法人税等勘定**でもよい。

③　確定申告時

　決算日から2か月以内に確定申告を行い，未払分を納付する。

仕　訳

・中間申告時

　（借）仮払法人税等　　××　　（貸）○　○　○　××
　　　　　ー資産ー

・決算時

　（借）法人税、住民　　××　　（貸）仮払法人税等　××
　　　　税及び事業税
　　　　　ー費用ー　　　　　　　　　未払法人税等　××
　　　　　　　　　　　　　　　　　　　　ー負債ー

・確定申告時

　（借）未払法人税等　　××　　（貸）○　○　○　××

例題… 1

exercise

次の取引の仕訳を示しなさい。

01 年 11 月 28 日　法人税、住民税及び事業税の中間申告を行い，税額 ¥350,000 を当座預金口座より納付した。

02 年 3 月 31 日　決算で確定した利益に対して，法人税、住民税及び事業税の金額が ¥770,000 と計算された。

02 年 5 月 30 日　確定申告を行い，中間納付額を差し引いた額を当座預金口座より納付した。

解答 answer

01.11/28	（借）仮払法人税等	350,000	（貸）当 座 預 金	350,000
02. 3 /31	（借）法人税、住民税及び事業税	770,000	（貸）仮払法人税等	350,000
			未払法人税等	420,000
02. 5 /30	（借）未払法人税等	420,000	（貸）当 座 預 金	420,000

■ 2 ■ 決算時における消費税勘定の処理

決算において仮受消費税と仮払消費税は相殺し，差額を<ruby>未払消費税<rt>みばらいしょうひぜい</rt></ruby>勘定（負債）に振り替えるとともに，確定申告時に未払分を納付する。

確認しよう

消費税については p.74 参照。

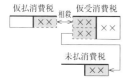

仕 訳

・決算時

　　　（借）仮受消費税　×× 　（貸）仮払消費税　××

　　　　　　　　　　　　　　　　 未払消費税　××
　　　　　　　　　　　　　　　　 ―負債―

・確定申告時

　　　（借）未払消費税　×× 　（貸）現 金 な ど　××

例題… 2

exercise

次の取引の仕訳を示しなさい。

3 月 31 日　決算整理前残高試算表における仮払消費税勘定と仮受消費税勘定の残高は，それぞれ ¥215,000 と ¥330,000 であった。よって，決算時の処理を行う。

5 月 30 日　確定申告を行い，消費税を普通預金口座より納付した。

解答 answer

3 /31	（借）仮受消費税	330,000	（貸）仮払消費税	215,000
			未払消費税	115,000
5 /30	（借）未払消費税	115,000	（貸）普 通 預 金	115,000

1　剰余金の配当と処分

　株式会社では，決算の結果として当期純損益を計上すると，それを損益勘定から**繰越利益剰余金勘定**（純資産）へ振り替える[1]。そして，翌事業年度に入ってから3か月以内に開かれる株主総会で，それをどのように株主に配当したり処分したりするかを決定する。これを**剰余金の配当と処分**という。

① p.106参照。

　ここで，剰余金の配当とは株主に対し利益の一部を現金で支払うことであり，剰余金の処分とは利益の一部を利益準備金[2]などに積み立てることである。

② p.76参照。

〔配当金の処理〕

　株主総会で，株主に対する配当金額が決まったとき，繰越利益剰余金勘定から**未払配当金勘定**（負債）へ振り替え，実際に配当金が株主へ支払われたとき，未払配当金勘定の借方に記入する。

〔利益準備金の計上〕

　会社は株主へ配当を行う場合，会社法にもとづき一定額を利益準備金（純資産）として積み立てなければならない。そこで，株主総会において利益準備金の積立額が確定したとき，その金額を繰越利益剰余金勘定から**利益準備金勘定**（純資産）へ振り替える。

仕　訳

・当期純利益を計上した。

　　（借）損　　　　　益　　××　　（貸）繰越利益剰余金　　××
　　　　　　　　　　　　　　　　　　　　　　　　—純資産—

・株主総会で配当金の支払額と利益準備金の積立額が決定した。

　　（借）繰越利益剰余金　××　　（貸）未 払 配 当 金　　××
　　　　　　　　　　　　　　　　　　　　　　　—負債—

　　　　　　　　　　　　　　　　　　利 益 準 備 金　　××
　　　　　　　　　　　　　　　　　　　　　　　—純資産—

・配当金を支払った。

　　（借）未 払 配 当 金　××　　（貸）当 座 預 金 な ど　　××

例題… 1　　　　　　　　　　　　　　　　　　　exercise

実教商事(株)における次の取引の仕訳を示しなさい。

01年 3 月 31 日　決算にあたり，当期純利益 ¥*800,000* を計上した。

01年 6 月 28 日　株主総会において，繰越利益剰余金を次のとおり処分することとした。

配当金　¥600,000　　利益準備金　¥60,000

01年 6 月 29 日　配当金を当座預金口座から支払った。

解答　answer

01. 3 /31　（借）損　　　　　益 800,000　（貸）繰越利益剰余金 800,000

01. 6 /28　（借）繰越利益剰余金 660,000　（貸）未 払 配 当 金 600,000

　　　　　　　　　　　　　　　　　　　　　利 益 準 備 金　60,000

01. 6 /29　（借）未 払 配 当 金 600,000　（貸）当 座 預 金 600,000

解き方　how to solve

・未払配当金は負債，利益準備金は純資産の勘定であることに注意する。

━━━ 訂正仕訳 ━━━

　仕訳を誤って行ったことが判明した場合は，帳簿を訂正するための仕訳を改めて行うことになる。そのために行われる仕訳を**訂正仕訳**という。

　訂正仕訳はどのように行うか，例により学ぶ。

〈例〉　収入印紙 ¥1,000 を現金で購入したさい，誤って通信費で処理していたことが判明した。

〈訂正仕訳の手順〉

①　誤って行った仕訳を復元する。

　　（借）通 信 費　1,000　　（貸）現　　　金　1,000

②　上記の仕訳を取り消すための反対仕訳を行う。

　　（借）現　　　金　1,000　　（貸）通 信 費　1,000

　②の仕訳を行うことで，帳簿上は取引を行う前の状態になる。

③　本来行われるべき仕訳を行う。

　　（借）租税公課　1,000　　（貸）現　　　金　1,000

　②と③が求める訂正仕訳である。

　　（借）現　　　金　1,000　　（貸）通 信 費　1,000

　　（借）租税公課　1,000　　（貸）現　　　金　1,000

なお，2つの仕訳の貸借を相殺し，次のように仕訳してもよい。

　　（借）租税公課　1,000　　（貸）通 信 費　1,000

8 伝 票

1 振替伝票

すでに学習したように，振替伝票は振替取引を記入する伝票である[①]。

振替取引には，現金収支をまったく含まない**全部振替取引**と一部現金収支を含む**一部振替取引**とがある。一部振替取引を起票するときは次の2つの方法がある。

① 現金取引と振替取引とに分けて起票する方法

② いったん全額を振替取引として起票し，その後入金取引または出金取引があったとみなして起票する方法

例えば，弘前商店より商品を ¥100,000 仕入れ，代金のうち ¥30,000 を現金で支払い，残額を掛けとした取引は次のように起票する。

　　仕訳　（借）仕　入　100,000　　（貸）現　金　30,000
　　　　　　　　　　　　　　　　　　　　買掛金　70,000

【①法】

　（借）仕　入　30,000　（貸）現　金　30,000 … 現金取引 → 出金伝票
　（借）仕　入　70,000　（貸）買掛金　70,000 … 振替取引 → 振替伝票

【②法】

〈いったん全額を振替取引として起票〉

　（借）仕　入　100,000　（貸）買掛金　100,000　　　　　→ 振替伝票

〈その後出金取引があったとみなして起票〉

　（借）買掛金　30,000　（貸）現　金　30,000　　　　　→ 出金伝票

また，現金収支をまったく含まない振替取引であっても，1取引に2つ以上の勘定科目が生じる取引では，伝票1枚につき，借方・貸方の科目が1科目になるように起票する。

① p.81 参照。

振替取引

入金取引・出金取引以外の取引のこと。
全部振替取引と一部振替取引がある。

〈全部振替取引〉
　（借）○○　××
　　　　　（貸）○○　××

〈一部振替取引〉
　（借）○○　××
　　　現金　××
　　　　　（貸）○○　××

　（借）○○　××
　　　　　（貸）○○　××
　　　　　現金　××

例題… 1　　　　　　　　　　　　　exercise

次の取引を伝票に起票しなさい。なお，当社は3伝票制をとっている。

10月9日　小樽商店に次の商品を売り渡し，代金のうち ¥50,000 は現金で受け取り，残額は掛けとした。ただし，いったん全額を掛け売上げとして処理する。（振替伝票番号 No.78，入金伝票番号 No.21）

B商品　100個　@¥3,500　¥350,000

解説・解答　explanation / answer

・取引の仕訳　（借）現　金　50,000　（貸）売　上　350,000
　　　　　　　　　　売掛金　300,000

Point!

例題1～3は一部振替取引に関する問題である。
一部振替取引には2つの起票の仕方があるが，その名称は画一ではなく，問題文には，例えば「現金取引と振替取引とに分けて起票する方法」は「取引を分解する方法」，「いったん全額を振替取引として起票する方法」は「いったん全額を掛け取引として起票する方法」とか「取引を擬制して起票する方法」などと書かれている。

・「いったん全額を掛け売上げとして処理する」は，前述の②法（いったん全額を振替取引として起票する）の処理を要求するものである。仕訳で示すと次のようになる。

（借）売掛金　350,000　（貸）売　上　350,000　→　振替伝票
（借）現　金　50,000　（貸）売掛金　50,000　→　入金伝票

振替伝票　　No.78	入金伝票　　No.21
01年10月9日	01年10月9日
（売掛金）350,000　（売　上）350,000 小樽商店①	（売掛金）50,000 小樽商店①

① 売掛金を省略し，商店名のみ記載することもある。また，買掛金を省略し，商店名のみ記載することもある。

例題… 2　　　　　　　　　　　　　　　　　　　　　　　exercise

p.131の例題1を，取引を現金取引と振替取引とに分けて起票する方法で答えなさい。

解説・解答　explanation / answer

仕訳で示すと次のようになる。

（借）現　金　50,000　（貸）売　上　50,000　→　入金伝票
（借）売掛金　300,000　（貸）売　上　300,000　→　振替伝票

振替伝票　　No.78	入金伝票　　No.21
01年10月9日	01年10月9日
（売掛金）300,000　（売　上）300,000 小樽商店	（売　上）50,000

①法と②法では，
・振替伝票の金額
・入金（出金）伝票の科目
に違いが生じる。

例題… 3　　　　　　　　　　　　　　　　　　　　　　　exercise

次のように起票された伝票にもとづき，それぞれの取引の振替伝票を作成しなさい。

(1)　商品 ¥175,000 を仕入れ，代金のうち ¥75,000 を現金で支払い，残額は掛けとした。

出金伝票
01年9月9日
（仕　入）75,000

(2)　商品 ¥250,000 を売り上げ，代金のうち ¥50,000 を現金で受け取り，残額は掛けとした。

入金伝票

01 年 9 月 10 日

（売掛金）*50,000*

解答 | answer

(1)

振替伝票

01 年 9 月 9 日

（仕　入）*100,000*　（買掛金）*100,000*

(2)

振替伝票

01 年 9 月 10 日

（売掛金）*250,000*　（売　上）*250,000*

解き方 | how to solve

(1)　次の手順で考える。

1. 取引を仕訳する。

　　（借）仕　入　*175,000*　　（貸）現　金　*75,000*
　　　　　　　　　　　　　　　　　　買掛金　*100,000*

2. 出金伝票を仕訳に直してみる。

　　（借）仕　入　*75,000*　　（貸）現　金　*75,000*

3. 2.の仕訳は 1.の仕訳を単純に 2 つに分けたものであることがわかる。つまり，(1)の取引は「現金取引と振替取引とに分けて起票する方法」で処理されている。

4. 残りの仕訳を振替伝票に記入する。

　　（借）仕　入　*100,000*　　（貸）買掛金　*100,000*　→　振替伝票

(2)　次の手順で考える。

1. 取引を仕訳する。

　　（借）現　金　*50,000*　　（貸）売　上　*250,000*
　　　　　　売掛金　*200,000*

2. 入金伝票を仕訳に直してみる。

　　（借）現　金　*50,000*　　（貸）売掛金　*50,000*

3. 2.の仕訳は 1.の仕訳を単純に分けたものではないことがわかる。また 2.の仕訳で現金の相手勘定科目が売掛金であることから，(2)の取引は「いったん全額を振替取引として起票する方法」で処理されていることがわかる。

4. 残りの仕訳は「いったん全額を掛け売りとする」仕訳である。

　　（借）売掛金　*250,000*　　（貸）売　上　*250,000*　→　振替伝票

■2■ 伝票の集計と転記

　伝票を用いる場合，総勘定元帳への転記は，伝票からそのつど行う。これを**個別転記**という。しかし，取引量が多くなり伝票枚数が増えると，転記に手数がかかるばかりでなく，転記による誤りも生じやすい。そこで，一定期間の伝票を**仕訳集計表**に集計し，仕訳集計表から勘定科目ごとに，その合計額を総勘定元帳に転記する。これを**合計転記**という。なお，各補助簿については各伝票から記入する。

▲ 知っておこう

伝票を毎日集計する場合の仕訳集計表は**仕訳日計表**という。

　仕訳集計表の作成と総勘定元帳への転記は次のように行う。

■仕訳集計表の作成

① 入金伝票の金額を合計し，合計額を仕訳集計表の現金勘定の借方に記入する。

② 出金伝票の金額を合計し，合計額を仕訳集計表の現金勘定の貸方に記入する。

③ 出金伝票と振替伝票の借方側を，勘定科目ごとに集計し，合計額を仕訳集計表の該当する勘定の借方に記入する。

④ 入金伝票と振替伝票の貸方側を，勘定科目ごとに集計し，合計額を仕訳集計表の該当する勘定の貸方に記入する。

⑤ 仕訳集計表を締め切る。

■合計転記

ア．総勘定元帳の各勘定の摘要欄に「仕訳集計表」，仕丁欄に仕訳集計表のページ数を記入する。

イ．転記がすんだら，仕訳集計表の元丁欄に転記済みの記入（勘定口座のページ数などの記入）を行う。

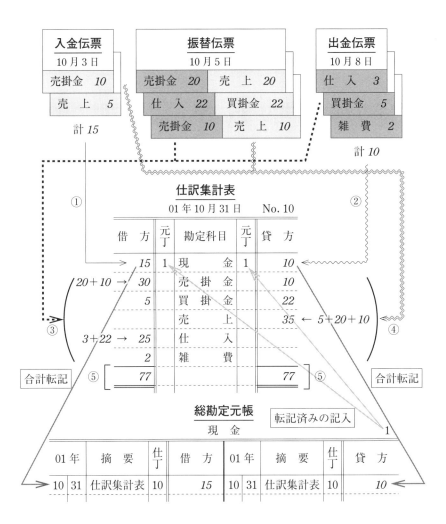

入金伝票
10月3日
売掛金 10
売 上 5
計 15

振替伝票
10月5日
売掛金 20 売 上 20
仕 入 22 買掛金 22
売掛金 10 売 上 10

出金伝票
10月8日
仕 入 3
買掛金 5
雑 費 2
計 10

①

②

仕訳集計表

01 年 10 月 31 日　　No. 10

借　方	元丁	勘定科目	元丁	貸　方
15	1	現　　　金	1	10
30		売　掛　金		10
5		買　掛　金		22
		売　　　上		35
25		仕　　　入		
2		雑　　　費		
77				77

20+10 → 30

③

3+22 → 25

35 ← 5+20+10

④

合計転記

⑤

合計転記

総勘定元帳

転記済みの記入

現　金

1

01 年		摘　要	仕丁	借　方	01 年		摘　要	仕丁	貸　方
10	31	仕訳集計表	10	15	10	31	仕訳集計表	10	10

1 売上原価勘定で売上原価を計算する場合

■ 確認しよう

決算整理における売上原価
の計算は p.83 を参照。
なお，そこでは仕入勘定で
売上原価を計算する方法を
学んだ。

　売上原価を仕入勘定で計算するのではなく，新しく売上原価勘定を設けて計算する方法もある。その場合の手順は次のとおりである。

① 期首商品棚卸高を繰越商品勘定から売上原価勘定へ振り替える。

② 当期商品仕入高を仕入勘定から売上原価勘定へ振り替える。

③ 期末商品棚卸高を売上原価勘定から繰越商品勘定へ振り替える。

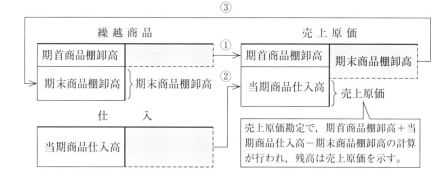

┌─ **仕　訳** ─────────────────────────

・売上原価の計算（売上原価勘定で行う場合）

【期首商品棚卸高】　（借）売上原価　××　　（貸）繰越商品　××

【当期商品仕入高】　（借）売上原価　××　　（貸）仕　入　××

【期末商品棚卸高】　（借）繰越商品　××　　（貸）売上原価　××

└────────────────────────────────

例題… 1　　　　　　　　　　　　　　　　　　　　　　　　　exercise

　次の勘定記録から，売上原価を計算するための決算整理仕訳を示しなさい。ただし，期末商品棚卸高は ¥8,000 であり，売上原価は売上原価勘定で計算するものとする。（決算日　02 年 3 月 31 日）

繰　越　商　品		仕　入	
01.4/1 前期繰越　9,000		120,000	

解答 | answer

02. 3/31　（借）売上原価　　9,000　（貸）繰越商品　　9,000　←**期首商品棚卸高**

　　　　　（借）売上原価　120,000　（貸）仕　　入　120,000　←**当期商品仕入高**

　　　　　（借）繰越商品　　8,000　（貸）売上原価　　8,000　←**期末商品棚卸高**

2 貸倒引当金戻入勘定，償却債権取立益勘定

決算日において，貸倒見積額よりも貸倒引当金の残高が多い場合は，その超過額を貸倒引当金勘定から**貸倒引当金戻入勘定**（収益）に振り替える。

また，前期までに貸倒れとして処理した売掛金が，当期になって，その一部または全部が回収されたときは，**償却債権取立益勘定**（収益）の貸方に記入する。

■ 確認しよう

決算整理における貸倒引当金の計上は p.86 を参照。

仕 訳

・貸倒引当金を設定した（貸倒見積額 ¥100，貸倒引当金残高 ¥120）。

　　　（借）貸 倒 引 当 金　20　　（貸）貸倒引当金戻入　20
　　　　　　　　　　　　　　　　　　　　　　　　　―収益―

・前期に貸倒れ処理した売掛金 ¥100 を当期に現金で回収した。

　　　（借）現　　　　　　金　100　　（貸）償却債権取立益　100
　　　　　　　　　　　　　　　　　　　　　　　　　―収益―

例題… 2　　　　　　　　　　　　　　　　　　　exercise

次の取引の仕訳を示しなさい。

(1)　決算にさいし，受取手形 ¥300,000 および売掛金 ¥150,000 の期末残高に対して 2%，クレジット売掛金 ¥200,000 に対して 1%の貸倒れを見積もる。ただし，貸倒引当金の残高は ¥12,000 である。

(2)　前期に貸倒れとして処理した売掛金の一部 ¥50,000 を現金で回収した。

解答｜answer

(1)　（借）貸 倒 引 当 金　1,000　　（貸）貸倒引当金戻入　1,000
(2)　（借）現　　　　　　金　50,000　（貸）償却債権取立益　50,000

解き方｜how to solve

(1)・貸倒見積額

　　　受取手形　　売掛金　　　　　クレジット売掛金
　（¥300,000＋¥150,000）×2%＋¥200,000×1%＝¥11,000

・貸倒引当金の残高　¥12,000

・貸倒引当金残高が貸倒見積額より ¥1,000 多いので，差額の ¥1,000 を貸倒引当金勘定から貸倒引当金戻入勘定へ振り替える。

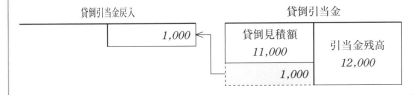

3 減価償却の記帳方法—間接法

減価償却の記帳方法には直接法と間接法がある。間接法は，減価償却費勘定の借方に記入するとともに，**減価償却累計額勘定**（評価勘定）[1]の貸方に記入する方法である。

間接法では，固定資産は取得原価で次期に繰り越され，減価償却費は毎期減価償却累計額勘定に加算される。そのため固定資産の取得原価と減価償却の累計額を勘定面から知ることができる。

なお，取得原価から減価償却累計額を差し引いた額が，その固定資産の**帳簿価額**である[2]。

■ 確認しよう

決算整理における固定資産の減価償却は p.89 を参照。なお，そこでは減価償却の記帳方法として直接法を学んだ。

① 固定資産のマイナスをあらわす勘定。評価勘定については p.87 も参照。

② 帳簿価額
固定資産の帳簿価額は ¥80（¥100−¥20）

建物	減価償却累計
100	20

売掛金の帳簿価額は ¥48（¥50−¥2）

売掛金	貸倒引当金
50	2

いずれも評価勘定を差し引いた額であり，建物や売掛金の現時点での帳簿上の価額ともいえる。

Point!

減価償却累計額勘定は，固定資産の種類ごとに設ける。
（例）
建物減価償却累計額
備品減価償却累計額など
なお，検定問題などで，固定資産が1つしかないときは，固定資産名は省略されていることが多い。

仕 訳

・減価償却を間接法で行った（建物）。

（借）減 価 償 却 費　××　　（貸）建物減価償却累計額　××
　　　　―費用―　　　　　　　　　　　―評価勘定―

例題… 3　　　　　　　　　　　　　　　　　exercise

決算に必要な仕訳を示しなさい。

備品の減価償却を定額法により行う。ただし，会計期間は 01 年 4 月 1 日から 02 年 3 月 31 日までの 1 年であり，記帳は間接法による。

備品：取得原価 ¥300,000，耐用年数 5 年，残存価額ゼロ

なお，備品は 01 年 11 月 1 日に取得したものである。

解答 answer

（借）減 価 償 却 費　25,000　　（貸）備品減価償却累計額　25,000

解き方 how to solve

・減価償却費　$¥300,000 ÷ 5 年 × \dfrac{5 か月（11 月〜3 月）}{12 か月} = ¥25,000$

4 減価償却費の月割計上

企業によっては毎月の業績を把握するために，月次決算といって月ごとに損益計算を行うことがある。この場合，期首に減価償却費の年間見積額を計算し，その 12 分の 1 を毎月末に計上する。なお，減価償却費の年間見積額と本来計上するべき減価償却費に差異が生じたときは，決算において過不足額の調整を行う。

5 有形固定資産の売却

有形固定資産が不用になり途中で売却したときは，売却による手取額と帳簿価額との差額を**固定資産売却益勘定**（収益）または**固定資産売却損勘定**（費用）で処理する。

備品を間接法で記帳すれば，備品勘定と備品減価償却累計額勘定の2つの勘定に記帳される。そこで，売却したときは両勘定をゼロにするため，備品勘定の貸方と備品減価償却累計額勘定の借方にそれぞれの残高を記入する。

■ 確認しよう

有形固定資産の取得については p.72 で学習した。

▲ 知っておこう

売却損益を計算するときは，必ず手取額から帳簿価額を引く。
結果が
マイナス→固定資産売却損
プラス→固定資産売却益
である。

仕 訳

・固定資産を売却した。（備品：取得原価 ¥100, 減価償却累計額 ¥70）

【売却額 ¥40】

（借）備品減価償却累計額	70	（貸）備　　　　品	100
未 収 入 金 な ど	40	固定資産売却益	10①
		―収益―	

【売却額 ¥20】

（借）備品減価償却累計額	70	（貸）備　　　　品	100
未 収 入 金 な ど	20		
固定資産売却損	10		
―費用―			

① 取得原価 ¥100，減価償却累計額 ¥70 ということは，その時点での帳簿価額（帳簿上の価値）が ¥30 ということ。¥30 の価値がある備品を ¥40 で売却すれば，¥10 の売却益となる。

【固定資産売却益】
手取額　　帳簿価額
¥40－（¥100－¥70）＝¥10

【固定資産売却損】
¥20－（¥100－¥70）
＝△¥10

例題… 4　　　　　　　　　　　　　　　　　exercise

次の取引の仕訳を示しなさい。

取得原価 ¥500,000 の備品を ¥200,000 で売却し，代金は現金で受け取った。なお，備品減価償却累計額勘定の残高は ¥270,000 である。

解答 answer

（借）備品減価償却累計額	270,000	（貸）備　　　　品	500,000
現　　　　金	200,000		
固定資産売却損	30,000		

解き方 how to solve

　　　　　　　　　手取額　　　　　　帳簿価額
・固定資産売却損　¥200,000－（¥500,000－¥270,000）＝△¥30,000

次の取引の仕訳を示しなさい。

車両運搬具（取得原価 ¥1,500,000，残存価額は取得原価の 10%，耐用年数 6 年，決算年 1 回，定額法，間接法で記帳）を，5 年目の期首に ¥700,000 で売却し，代金は月末に受け取ることにした。

解答 answer

（借）車両運搬具減価償却累計額　900,000　　（貸）車 両 運 搬 具　1,500,000
　　　未 収 入 金　700,000　　　　固定資産売却益　　100,000

解き方 how to solve

・売却時点での車両運搬具に関する勘定は次のとおりである。

車両運搬具		車両運搬具減価償却累計額	
1,500,000			900,000

減価償却累計額　（¥1,500,000−¥150,000）÷6 年×4 回＝¥900,000
※5 年目の期首（4 年目の期末）までに，減価償却は 4 回行われている。

・固定資産売却益　¥700,000−（¥1,500,000−¥900,000）＝¥100,000
　売却価額　帳簿価額

6 収益の前受けと未収

（1）　収益の前受け

決算にあたり，収益の中に次期以降に属する分（前受分）が含まれていたら，それを収益の勘定から新しく設けた負債の勘定に振り替える。これを**収益の前受け**という。

例えば，会計期間が 01 年 4 月 1 日から 02 年 3 月 31 日の会社で，02 年 2 月 1 日に向こう 1 年分の家賃 ¥12,000 を現金で受け取れば，帳簿には次のように記入される。

受 取 家 賃	
	02.2/1 現　　金　12,000

この場合，受取家賃 ¥12,000 のうち，当期分は 02 年 2 月 1 日から決算日までの 2 か月分の ¥2,000 であり，残りの 10 か月分（¥10,000）は次期分である。

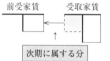

Point！

収益の前受け
【整理】

前受家賃	受取家賃

次期に属する分

・前受家賃は負債である。
・次期以降に属する分は「前受分」と表現される。

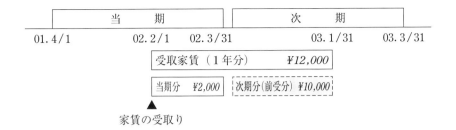

このような場合には、決算にあたり、前受分の ¥10,000 を受取家賃勘定から**前受家賃勘定**（負債）に振り替える。

なお、前受家賃のように新しく設ける負債の勘定を**前受収益**という。

仕　訳

・収益（受取家賃）の前受額を計上した。

【決算時】　（借）受取家賃　××　　　（貸）前受家賃　××
　　　　　　　　　　　　　　　　　　　　　—負債—

【参考】

　ここで学習する「収益の前受けと未収」は、p.91で学習した決算整理における「費用の繰延べと見越し」に対応する内容である。これらの内容は、仕訳で用いる勘定科目に違いはないが、検定試験の種類によって用語の表現が異なることがあるので注意しておこう。

		全経簿記検定	日商簿記検定	仕　訳　例
費　用	繰延べ		前払い	（前払家賃）×× （支払家賃）×× —資産—
	見越し		未払い	（給　料）×× （未払給料）×× 　　　　　　　　—負債—
収　益	繰延べ		前受け	（受取利息）×× （前受利息）×× 　　　　　　　　—負債—
	見越し		未　収	（未収利息）×× （受取利息）×× —資産—

例題… 6

次の取引の仕訳を示しなさい。

01 年 12 月 1 日　建物を賃貸し，家賃 6 か月分 ¥60,000 を現金で受け取った。

02 年 3 月 31 日　決算にあたり，上記家賃のうち前受分を次期に繰り延べた。

解答　answer

01.12/ 1　（借）現　　金　60,000　　（貸）受取家賃　60,000
02. 3 /31　（借）受取家賃　20,000　　（貸）前受家賃　20,000

解き方　how to solve

・決算日において，受取家賃 ¥60,000 のうち，4 か月分（01 年 12 月〜02 年 3 月）が当期分，2 か月分（02 年 4 月〜02 年 5 月）が次期分（前受分）である。

・前受分を受取家賃勘定から前受家賃勘定に振り替える仕訳である。

（2）　収益の未収

Point!

収益の未収
【整理】

未収利息　　受取利息

当期未収額

・未収利息は資産である。

現金などの受取りがないために帳簿に記入されていなくても，当期の収益として発生していれば，それを収益の勘定に記入するとともに，新しく設けた資産の勘定の借方に記入する。これを**収益の未収**という。

例えば，会計期間が 01 年 4 月 1 日から 02 年 3 月 31 日の会社で，01 年 10 月 1 日に現金 ¥180,000 を利率年 4％で貸し付け，1 年後に元利合計を受け取ることにする。

①　未収利息の計算
¥180,000×4％

$\times \dfrac{6 か月（10 月〜3 月）}{12 か月}$

この場合，01年10月1日から02年3月31日までについては，受取利息勘定への記入はなくても，当期の収益として受取利息が¥3,600発生しているので，受取利息勘定の貸方と**未収利息勘定**（資産）の借方に記入する。

未収利息勘定のように新しく設ける資産を**未収収益**という。

受取利息　　　　　　当期発生額　　　未収利息（資産）

3,600　　　　　　　　　　　　　　3,600

決算整理仕訳

仕　訳

・**収益（受取利息）の未収額を計上した。**

【決算時】（借）未収利息　　××　　（貸）受取利息　　××
　　　　　　　　─資産─

例題… 7　　　　　　　　　　　　　　　　　　　exercise

決算に必要な仕訳を示しなさい。

02年3月31日　01年12月1日に貸し付けた現金¥200,000（元本は2年後に回収，利息は利率年6%で毎年11月末に受け取る）について，本日決算にあたり，当期分の利息の未収額を計上した。

解答 | answer

02.3/31　（借）未収利息　4,000　　（貸）受取利息　4,000

解き方 | how to solve

・利息の未収額を受取利息勘定の貸方と，未収利息勘定の借方に記入するための仕訳である。

未収利息　$¥200,000 \times 6\% \times \dfrac{4\text{か月（01年12月～02年3月）}}{12\text{か月}}$

　　　　　$= ¥4,000$

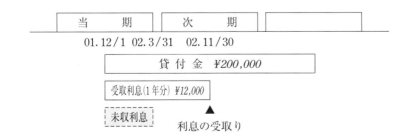

当　期	次　期	
01.12/1　02.3/31	02.11/30	

貸付金　¥200,000

受取利息(1年分) ¥12,000

未収利息　　　　▲　利息の受取り

■7■ 再振替仕訳

決算において，費用の前払い・未払い，収益の前受け・未収を計上した場合，費用と収益をその発生した期間に正確に配分し，会計期間の損益を正確に計算するため，次期の最初の日付で**再振替**という作業を行う。そのさい行う仕訳を**再振替仕訳**といい，決算整理仕訳の反対仕訳である。

（1）　費用の前払い

① p.92 参照。

決算日に，決算整理仕訳で計上した前払費用[1]（資産）は，次期になればその期の費用になるので，もとの費用の勘定に振り替える。

> **仕　訳**
>
> ・費用（保険料）の前払額を計上した。
>
> 【決算時】（借）前払保険料　××　（貸）保　険　料　××←決算整理仕訳
> 　　　　　　　　—資産—
>
> 【翌期首】（借）保　険　料　××　（貸）前払保険料　××←再振替仕訳

例題… 8　　　　　　　　　　　　　　　exercise

p.92 の例題 8 の取引にもとづき，02 年 4 月 1 日（期首）の仕訳を示しなさい。

解答 | answer

02. 4 / 1　（借）保　険　料　*4,000*　（貸）前払保険料　*4,000*

（2）　費用の未払い

② p.93 参照。

決算日に，決算整理仕訳で計上した未払費用[2]（負債）は，もとの費用の勘定に振り替える。これは，次期に費用を支払ったとき，前期の未払分と当期の支払分とを区別せずに，全額を費用の勘定に記入できるようにするためである。

> **仕　訳**
>
> ・費用（給料）の未払額を計上した。
>
> 【決算時】（借）給　　　料　××　（貸）未払給料　××←決算整理仕訳
> 　　　　　　　　　—負債—
>
> 【翌期首】（借）未払給料　××　（貸）給　　　料　××←再振替仕訳

例題… 9　　　　　　　　　　　　　　　exercise

p.94 の例題 9 の取引にもとづき，02 年 4 月 1 日（期首）の仕訳を示しなさい。

解答 | answer

02. 4 / 1　（借）未払給料　*85,000*　（貸）給　　　料　*85,000*

（3） 収益の前受け

決算日に，決算整理仕訳で計上した前受収益[1]（負債）は，次期になればその期の収益になるので，もとの収益の勘定に振り替える。

① p.141 参照。

> **仕 訳**
>
> ・収益（受取家賃）の前受額を計上した。
>
> 【決算時】 （借）受取家賃 ×× （貸）前受家賃 ×× ←決算整理仕訳
> 　　　　　　　　　　　　　　　　　　　　　　　─負債─
>
> 【翌期首】 （借）前受家賃 ×× （貸）受取家賃 ×× ←再振替仕訳

例題… 10　　　　　　　　　　　　　　　　　　　　　　exercise

p.142 の例題 6 の取引にもとづき，02 年 4 月 1 日（期首）の仕訳を示しなさい。

解答 answer

02. 4 / 1 　（借）前受家賃 *20,000* 　（貸）受取家賃 *20,000*

（4） 収益の未収

決算日に，決算整理仕訳で計上した未収収益[2]（資産）は，もとの収益の勘定に振り替える。これは，次期に収益を受け取ったとき，前期の未収分と当期の受取分とを区別せずに，全額を収益の勘定に記入できるようにするためである。

② p.143 参照。

> **仕 訳**
>
> ・収益（受取家賃）の未収額を計上した。
>
> 【決算時】 （借）未収家賃 ×× （貸）受取家賃 ×× ←決算整理仕訳
> 　　　　　　　　─資産─
>
> 【翌期首】 （借）受取家賃 ×× （貸）未収家賃 ×× ←再振替仕訳

例題… 11　　　　　　　　　　　　　　　　　　　　　　exercise

p.143 の例題 7 の取引にもとづき，02 年 4 月 1 日（期首）の仕訳を示しなさい。

解答 answer

02. 4 / 1 　（借）受取利息 *4,000* 　（貸）未収利息 *4,000*

8 その他の決算整理事項

（1） 当座預金勘定の整理

決算において当座預金勘定の残高が貸方にあるときには，その残高を**当座借越勘定**（負債）に振り替える[1]。

① p.115 参照。

例題… 12   exercise

次の資料（残高試算表）にもとづき，決算に必要な仕訳を示しなさい。なお，当座預金勘定の残高は全額当座借越によるものである。

残高試算表

借　方	勘定科目	貸　方
	当 座 預 金	1,500

解答 answer

（借）当座預金　1,500　　（貸）当座借越　1,500

（2） 通信費・租税公課勘定の整理

郵便切手および収入印紙を購入したとき，通信費勘定および租税公課勘定で処理する。しかし，それらは換金性が高いので，決算において未使用高があるときは，未使用高をそれぞれの勘定から**貯蔵品勘定**（資産）に振り替える。

なお，次期の最初の日付で，貯蔵品勘定の残高は通信費勘定や租税公課勘定に再振替する。

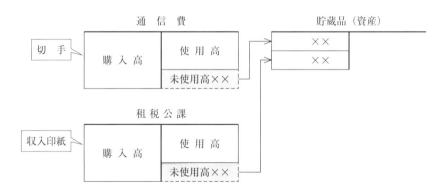

仕　訳

・郵便切手，収入印紙の未使用高を計上した。

【決算時】（借）貯 蔵 品　××　　（貸）通 信 費　××
　　　　　　　　　─資産─　　　　　　　　　　　租税公課　××

【翌期首】（借）通 信 費　××　　（貸）貯 蔵 品　××
　　　　　　　　　租税公課　××

例題… 13

次の取引の仕訳を示しなさい。

01 年 5 月 11 日　収入印紙 ¥20,000 を購入し，代金は現金で支払った。

02 年 3 月 31 日　決算において，収入印紙の未使用高 ¥2,500 を計上した。

02 年 4 月 1 日　収入印紙の未使用高 ¥2,500 を適切な勘定へ再振替した。

解答 answer

01. 5 /11	（借）租 税 公 課	20,000	（貸）現　　　金	20,000
02. 3 /31	（借）貯 蔵 品	2,500	（貸）租 税 公 課	2,500
02. 4 / 1	（借）租 税 公 課	2,500	（貸）貯 蔵 品	2,500

（3）　未払消費税と法人税等の計上

　決算において，仮払消費税勘定と仮受消費税勘定を相殺し，未払消費税額を計上する[1]とともに，納付する法人税等を計上する[2]。

[1]　p.128 参照。
[2]　p.127 参照。

例題… 14

次の残高試算表と決算整理事項によって，決算整理仕訳を示しなさい。

残高試算表

借　方	勘定科目	貸　方
	当 座 預 金	1,500
360,000	仮 払 消 費 税	
38,000	仮 払 法 人 税 等	
	仮 受 消 費 税	390,000
10,000	通 信 費	

【決算整理事項】

(1)　当座預金勘定の残高は全額当座借越によるものである。

(2)　未使用の郵便切手が ¥500 ある。

(3)　納付すべき消費税の額を未払消費税として計上した。

(4)　税引前当期純利益について ¥80,000 の法人税等を計上した。

解答 answer

(1)	（借）当 座 預 金	1,500	（貸）当 座 借 越	1,500
(2)	（借）貯 蔵 品	500	（貸）通 信 費	500
(3)	（借）仮 受 消 費 税	390,000	（貸）仮 払 消 費 税	360,000
			未 払 消 費 税	30,000
(4)	（借）法人税、住民税及び事業税	80,000	（貸）仮 払 法 人 税 等	38,000
			未 払 法 人 税 等	42,000

これまでの学習で，仕訳が正しく総勘定元帳に転記されたかどうか確認するとともに，企業の財政状態や経営成績を知るために試算表を作成することを学習した。決算においても，決算整理後の勘定残高を一覧で確認するとともに，貸借対照表や損益計算書を作成する目的で**決算整理後残高試算表**を作成することがある[①]。

なお，決算整理後残高試算表における繰越商品勘定は期末商品棚卸高をあらわし，仕入勘定は売上原価をあらわす[②]。

① 決算整理前に作成する残高試算表を**決算整理前残高試算表**という。決算の流れについては p.82，101 を参照。

② 売上原価を仕入勘定で計算する場合である。

例題… 15 exercise

実教商事(株)の(1)決算整理前残高試算表と(2)決算整理事項にもとづき，決算整理後残高試算表を作成しなさい。なお，会計期間は 01 年 4 月 1 日から 02 年 3 月 31 日である。

(1) 決算整理前残高試算表

残高試算表
02 年 3 月 31 日

借　　方	勘　定　科　目	貸　　方
397,000	現　　　　　金	
	現　金　過　不　足	2,600
550,000	売　　掛　　金	
168,000	繰　越　商　品	
34,000	仮　払　法　人　税　等	
240,000	備　　　　　品	
	買　　掛　　金	314,000
	借　　入　　金	150,000
	貸　倒　引　当　金	1,400
	備品減価償却累計額	80,000
	資　　本　　金	500,000
	繰　越　利　益　剰　余　金	130,000
	売　　　　　上	2,890,000
	受　取　手　数　料	20,000
1,970,000	仕　　　　　入	
480,000	給　　　　　料	
240,000	支　払　家　賃	
8,000	租　税　公　課	
1,000	雑　　　　　費	
4,088,000		4,088,000

(2)　決算整理事項

1. 現金過不足のうち ¥2,500 は受取手数料の記帳もれであることが判明したが，残額については原因が不明であるので，適切に処理することにした。
2. 期末商品棚卸高は ¥180,000 である。
3. 売掛金の期末残高に対して 1%の貸倒れを見積もる（差額補充法による）。
4. 備品について定額法により減価償却を行う。ただし，耐用年数 6 年，残存価額ゼロとする。
5. 家賃の前払額が ¥30,000 ある。
6. 利息の未払額が ¥2,500 ある。
7. 収入印紙の未使用額が ¥800 ある。
8. 法人税，住民税および事業税が ¥74,000 と計算されたので，仮払法人税等との差額を未払法人税等として計上する。

解き方 how to solve

1. （借）現 金 過 不 足　　2,600　　（貸）受 取 手 数 料　　2,500
　　　　　　　　　　　　　　　　　　　　　　雑　　　　　益　　　100
2. （借）仕　　　　　　入　168,000　　（貸）繰 越 商 品　168,000
　　（借）繰 越 商 品　180,000　　（貸）仕　　　　　　入　180,000
3. （借）貸倒引当金繰入　　4,100　　（貸）貸 倒 引 当 金　　4,100
　　　　　　売掛金　　　　　貸倒引当金
　　¥550,000×1%－¥1,400＝¥4,100
4. （借）減 価 償 却 費　 40,000　　（貸）備品減価償却累計額　 40,000
　　　　　　備品
　　¥240,000÷6 年＝¥40,000
5. （借）前 払 家 賃　 30,000　　（貸）支 払 家 賃　 30,000
6. （借）支 払 利 息　　2,500　　（貸）未 払 利 息　　2,500
7. （借）貯 蔵 品　　　　800　　（貸）租 税 公 課　　　800
8. （借）法人税、住民税及び事業税　 74,000　　（貸）仮 払 法 人 税 等　 34,000
　　　　　　　　　　　　　　　　　　　　未 払 法 人 税 等　 40,000

決算整理後残高試算表

02 年 3 月 31 日

借　　方	勘　定　科　目	貸　　方
397,000	現　　　　　金	
550,000	売　　掛　　金	
180,000	繰　越　商　品	
240,000	備　　　　　品	
	買　　掛　　金	314,000
	借　　入　　金	150,000
	貸　倒　引　当　金	5,500
	備品減価償却累計額	120,000
	資　　本　　金	500,000
	繰　越　利　益　剰　余　金	130,000
	売　　　　　上	2,890,000
	受　取　手　数　料	22,500
1,958,000	仕　　　　　入	
480,000	給　　　　　料	
210,000	支　払　家　賃	
7,200	租　税　公　課	
1,000	雑　　　　　費	
	雑　　　　　益	100
4,100	貸　倒　引　当　金　繰　入	
40,000	減　価　償　却　費	
30,000	前　払　家　賃	
2,500	支　払　利　息	
	未　払　利　息	2,500
800	貯　　蔵　　品	
74,000	法人税、住民税及び事業税	
	未　払　法　人　税　等	40,000
4,174,600		4,174,600

期末商品棚卸高 → 180,000

売上原価 → 1,958,000

費用 → 4,100
費用 → 40,000
資産 → 30,000
費用 → 2,500
負債 ← 2,500
資産 → 800
費用 → 74,000
負債 ← 40,000

発展編

この編では，基礎編・応用編よりさらに進んだ中規模株式会社における商業簿記の修得を目指す。

具体的には，会社法による株式会社の仕組みの理解を前提として，中規模企業として位置付けられる株式会社の経理・財務担当者として，小売・卸売業に止まらず他業種にも応用できる知識を学ぶ。

簿記に関する各検定試験などにおいては，中級レベルの内容となるので，基礎編をしっかり理解してから取り組もう。

1　現金・預金取引

▌1▐　外貨預金

（1）　預入れ

　海外の企業と取引を行っている場合，代金の受払いを日本円で行うことも
あれば，ドルなど外国の通貨（外貨）で行うこともある。そのために企業は
外貨での預金をしていることがある。外貨で行う預金を外貨預金という。

　外貨預金の口座に現金を預け入れたときは，**外貨預金勘定**（資産）で処理
する。外貨預金にはドルなどの外貨で預け入れるが，仕訳は円で行わなけれ
ばならない。例えば，ドル建ての外貨預金口座に 100 ドルを預け入れたと
きは，その日の為替相場（為替レート）[①]で円に換算した金額で仕訳する。

① ２つの通貨（例えば円
とドル）の交換比率のこと
である。

例題… 1　　　　　　　　　　　　　　　　　　　　　　　　exercise

次の取引の仕訳を示しなさい。

　外貨預金に現金 *1,000* ドルを預け入れた。なお，本日の為替レートは
1 ドル *110* 円であった。

解答　answer

（借）外貨預金　*110,000*　　　（貸）現　　金　*110,000*

解き方　how to solve

・預金額　*$1,000×¥110＝¥110,000*

（2）　決算日

　決算日には外貨預金を決算日の為替レートで換算し，換算差額を**為替差益
勘定**（収益）または**為替差損勘定**（費用）で処理する。為替レートは日々変
動しており，日々のレートの変動による預金額の増加・減少はその期間の成
績ととらえる。

例題… 2　　　　　　　　　　　　　　　　　　　　　　　　exercise

次の取引の仕訳を示しなさい。

　例題 1 で預け入れた外貨預金 *1,000* ドルについて決算日の為替レート
で換算替えを行った。決算日の為替レートは *1* ドル *118* 円であった。

解答　answer

（借）外貨預金　*8,000*　　　（貸）為替差益　*8,000*

解き方 | how to solve

・為替差益　$\$1,000 \times ¥118 - ¥110,000 = ¥8,000$
　　　　　　　　　決算日の換算額　　　預入額

・今回の仕訳により外貨預金 1,000 ドルが 118,000 円となる。

（3）　引出し

　引出時には，引出時の為替レートで換算した円の金額を受け取る。引出時の為替レートで換算した引出額と帳簿価額との差額は為替差益勘定（収益）または為替差損勘定（費用）で処理する。

例題… 3　　　　　　　　　　　　　　　　　　　　　　　exercise

　次の取引の仕訳を示しなさい。

　外貨預金口座から現金 1,000 ドル（帳簿価額 118,000 円）を引き出し，円で受け取った。引出日の為替レートは 1 ドル 115 円であった。

解答 | answer

（借）現　　　金　　115,000　　　（貸）外貨預金　　118,000
　　　為替差損　　　3,000

解き方 | how to solve

・為替差損　$\$1,000 \times ¥115 - ¥118,000 = △¥3,000$
　　　　　　　　　引出額　　　　帳簿価額

・例題 2 で外貨預金 1,000 ドルの価値は 118,000 円となったが，その後の為替レートの変動で引出時には 115,000 円となった。よって，差額の 3,000 円が為替差損（費用）となる。

・外貨預金口座（ドル）に *100* ドル預け入れた（*1* ドル＝*100* 円）。

（借）**外貨預金** *10,000* （貸）**現　　金** *10,000*
―資産―　　　└ *$100×¥100＝¥10,000*

・決算日に換算替えした。

［円安］*1* ドル＝*110* 円

（借）**外貨預金** *1,000* （貸）**為替差益** *1,000*
―収益―　↑
$100×（¥110−¥100）＝¥1,000 ┘

［円高］*1* ドル＝ *95* 円

（借）**為替差損** *500* （貸）**外貨預金** *500*
―費用―　└ *$100×（¥95−¥100）＝△¥500*

・外貨預金口座より *100* ドル引き出した（*1* ドル＝*103* 円，帳簿価額 *¥10,000*）。

（借）**現　　金** *10,300* （貸）**外貨預金** *10,000*
　　　　　　　　　　　　　　為替差益 *300*
引出額　　　帳簿価額　　　　↑
（*$100×¥103*）−*¥10,000＝¥300* ┘

【参考】 円高と円安

　為替レートが，例題 *1* では *1* ドル *110* 円，例題 *2* では *1* ドル *118* 円，例題 *3* では *1* ドル *115* 円である。

　この場合，円で考えると例題 *1* では *110* 円で *1* ドルと交換できたのが，例題 *2* では *118* 円必要となり，円の価値が下がったことになる。このように円の価値が下がることを**円安**（えんやす）という。反対に例題 *3* のように，*1* ドル *118* 円だったものが *1* ドル *115* 円になれば円の価値が上がったことになり，これを**円高**（えんだか）という。

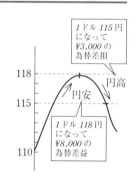

　したがって，外貨預金をしている場合，円安になるとドルの円での評価額が大きくなるので為替差益が生じ，反対に円高になると円での評価額が少なくなるので為替差損が生じる。

■1 値 引

　売買された商品に汚れ・破損などがあるといった理由で代金の引き下げを行うことがある。これを**値引**という。値引は，代金の引き下げであるため，売上げ・仕入れの取消として扱う[1]。

<table>
<tr><td colspan="2">**例題…1**</td><td>e x e r c i s e</td></tr>
</table>

　次の取引について，両社の仕訳を示しなさい。

　当社は千葉商事(株)より商品 ¥500,000 を掛けで仕入れていたが，一部商品が汚れていたため，¥15,000 の値引を受けた。

解答 answer

当　　社	（借）買　掛　金	15,000	（貸）仕　　　　入	15,000
千葉商事	（借）売　　　　上	15,000	（貸）売　掛　金	15,000

解き方 how to solve

・当社の立場では ¥15,000 だけ代金を引き下げてもらえたので，その分だけ仕入れをキャンセルした（買掛金も消滅した）と考える。

・千葉商事の立場では逆で，売上げがキャンセルされた（売掛金も消滅した）と考える。

3 手形取引

1 手形の裏書

手形は，法律上，額面に書かれている金額を受け取ることができる債権であるので，手持ちの手形を支払手段として譲渡したり（**裏書**[1]という），満期日前にお金と交換すること（**割引**という）ができる。

① お金を受け取ることができる債権であれば他人へ譲渡することができる。電子記録債権（p.120）も譲渡可能である。

② p.59 の約束手形参照。

裏書人　　　　　　　　　　　　　　被裏書人

上記において坂戸商店は，5/1 に川越商事(株)から約束手形を受け取った。この約束手形は8/1にお金を受け取ることができる債権である。だから，6/5に秩父商事(株)から商品を仕入れたさいの代金として，この約束手形をそのまま支払いに充てることができるのである。この取引は，坂戸商店が約束手形の裏面に，秩父商事への譲渡の事実を書き込むので，"裏書" とよばれ，坂戸商店を裏書人，秩父商事を被裏書人という。

手形を裏書したときは，手形を受け取ったときに生じた手形債権が消滅するから，受取手形勘定の貸方に記入する。

> **仕 訳**
>
> ・手形を裏書した。
>
> 　　（借）○ ○ ○　××　　　（貸）受取手形　××

例題… 1　　　　　　　　　　　　　　　　　　　　exercise

次の取引について，両社の仕訳を示しなさい。

6 月 5 日　坂戸商店は，秩父商事(株)から商品 ¥150,000 を仕入れ，代金のうち ¥100,000 は川越商事(株)より受け取った約束手形を裏書譲渡し，残額は掛けとした。

解答　answer

6/5	坂戸商店	（借）仕　　　入	150,000	（貸）受取手形	100,000
				買 掛 金	50,000
〃	秩父商事	（借）受取手形	100,000	（貸）売　　　上	150,000
		売 掛 金	50,000		

解き方 | how to solve

坂戸商店 　手形を裏書譲渡すると手形債権が消滅するので，受取手形勘
定の貸方に記入する。

秩父商事 　裏書であっても手形を受け取れば手形債権が増加するので，
受取手形勘定の借方に記入する。

2 　手形の割引

　資金繰りなどの理由により，手持ちの手形を早く現金にしたいとき，支払
期日前に手形を取引銀行に買い取ってもらうことがある。これを**手形の割引**
という。

　このとき銀行は，手形を買い取った日から支払期日までの利息などを差し
引いた額で買い取る。

　坂戸商店は，5/1に川越商事(株)から受け取った約束手形を支払期日前に
銀行に持ち込み換金できる。換金時には利息相当額が差し引かれた残額を受
け取ることになるため"割引"とよばれる。

　手形を割り引いたときは，手形債権が消滅するから，受取手形勘定の貸方
に記入するとともに，手形金額と売却価額との差額を**手形売却損勘定**（費
用）で処理する。

仕 訳

・**手形を割り引いた。**

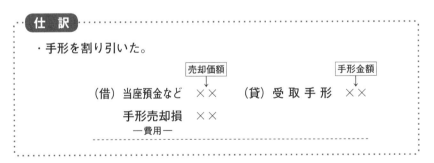

例題… 2 　　　　　　　　　　　　　　　　　　　　　　　　exercise

　次の取引の仕訳を示しなさい。

　6月1日 　坂戸商店は，手持ちの約束手形 ¥100,000 を取引銀行で割
　　　　　　り引き，手取金 ¥95,000 は当座預金とした。

解答 | answer

6/1 （借）当 座 預 金 　95,000 　　（貸）受 取 手 形 　100,000
　　　　手形売却損 　　5,000

> **解き方** | how to solve

・手形を割り引いたとき手形債権が消滅するので，受取手形勘定の貸方に記入する。

■3■ 手形の更改

手形取引では満期日が決められているが，手形の支払人がその日に資金を用意できない場合，支払いができなくなってしまう。そこで支払人は受取人の承諾を得て，満期日を延長した新しい手形を振り出すことがある。これを**手形の更改**①という。支払期日を延長するのであるから，その期間に相当する利息を支払う必要がある。

① 手形延期とか手形のジャンプともいう。

仕 訳

・手形を更改した②。

【手形債務者（支払人）】

（借）支払手形(旧) ×× （貸）支払手形(新) ××

【手形債権者（受取人）】

（借）受取手形(新) ×× （貸）受取手形(旧) ××

② 実際に仕訳するさいには（旧）や（新）は付けない。ここでは，古い手形がなくなって新しい手形が発行されることを明示するために付けている。

例題… 3 exercise

次の取引について，両社の仕訳を示しなさい。

当社は以前，千葉商事(株)に対して¥100,000の約束手形を振り出していたが，資金準備の都合上，千葉商事に手形の更改を申し入れたところ承諾されたので，利息¥2,000を含む新しい約束手形を振り出した③。

③ なお，利息だけをその場ですぐに支払うこともある。

解答 | answer

当 社 （借）支払手形 100,000 （貸）支払手形 102,000
　　　　　　　支払利息 2,000
千葉商事 （借）受取手形 102,000 （貸）受取手形 100,000
　　　　　　　　　　　　　　　　　　　受取利息 2,000

解き方 | how to solve

・当社は¥100,000の旧手形を回収し，新しく利息を含めた¥102,000の約束手形を振り出す。

旧手形を振り出した （借）○○○ 100,000 （貸）支払手形 100,000
旧手形を回収した （借）支払手形 100,000
新手形を振り出した 　　　　　　　　　　　 （貸）支払手形 102,000
利息を支払った （借）支払利息 2,000

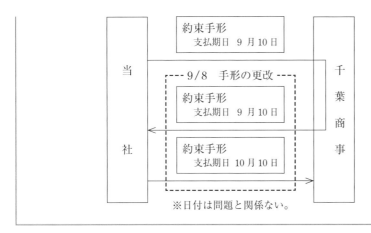

※日付は問題と関係ない。

4 手形の不渡り

　手形の支払人の事業が不調になるなどの理由で，手形金額を受け取ることができなくなってしまうことを**手形の不渡り**という。手形の不渡りが生じた場合，受取人は不渡りが生じたことを証明する支払拒絶証書の作成費用[1]や満期後の利息を含めて，受取手形勘定から**不渡手形勘定**（資産）に振り替える[2]。

　なお，その後，貸倒れとなってしまった場合には，売掛金などの貸倒れと同じ処理を行う。

① 現実には，手形用紙の裏面に「拒絶証書不要」と印刷されており，支払拒絶証書なしで償還請求できる。

② 相手からお金をもらえる可能性はかなり低いが，相手の会社が消滅すると決まったわけではなく，今後請求（償還請求）することができるので，不良債権を記録する不渡手形勘定に記録する。

③ 支払拒絶証書作成費の支払額など。

> ・**仕 訳**
>
> ・所有する手形が不渡りとなった。
>
> 　　　（借）**不 渡 手 形** ×× 　（貸）**受 取 手 形** ××
> 　　　　　　　―資産―　　　　　　　　　　　　　**当座預金など**[3] ××

例題… 4　　　　　　　　　　　　　　exercise

次の取引の仕訳を示しなさい。

　売上代金として受け取っていた房総商事（株）振出しの約束手形 ¥150,000 が不渡りとなり，同社に償還請求を行った。なお，支払拒絶証書の作成費用 ¥3,000 を現金で支払った。

解答 answer

（借）不渡手形　153,000　　（貸）受取手形　150,000
　　　　　　　　　　　　　　　　　現　　金　　　3,000

解き方 how to solve

・不渡りになった手形金額を，受取手形勘定から不渡手形勘定に振り替える。そのさい，不渡手形に支払拒絶証書の作成費用等を加算する。

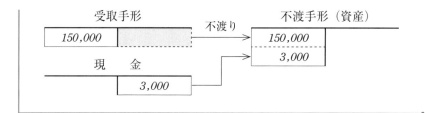

受取手形　　　　　　　　　不渡り　　　不渡手形（資産）

150,000					150,000
					3,000

現　　金

	3,000		

5　営業外受取手形・営業外支払手形

　本業の商品売買取引以外でも約束手形が振り出されることがある。そのときには本業の商品売買以外の取引から生じたものであることを明示するため，**営 業 外受取手形勘定**（資産）・**営 業 外支 払 手形勘定**（負債）で処理する。

例題… 5　　　　　　　　　　　　　　　　　　　　　　　　exercise

　次の取引について，両社の仕訳を示しなさい。

　当社は土地（帳簿価額 ¥500,000）を ¥650,000 で千葉商事（株）に売却し，代金は千葉商事振出しの約束手形で受け取った。

解答 answer

当　　社	（借）営業外受取手形	650,000	（貸）土　　　　地	500,000
			固定資産売却益	150,000
千葉商事	（借）土　　　　地	650,000	（貸）営業外支払手形	650,000

解き方 how to solve

・商品売買取引ではないため，営業外受取手形・営業外支払手形で処理する。

4 有価証券取引

1 有価証券の評価

基礎編で，時価の変動によって利益を得ることを目的とする有価証券の売買について学習したが，発展編では，この有価証券を**売買目的有価証券勘定**で処理し[1]，決算日に時価で評価する。評価差額は**有価証券運用損益勘定**（収益および費用）によって処理する[2]。

仕 訳

・売買目的有価証券の評価

【時価＞取得原価】

（借）売買目的有価証券 ×× （貸）有価証券運用損益 ××
　　　　　　　　　　　　　　　　　　　　　　─収益─

【時価＜取得原価】

（借）有価証券運用損益 ×× （貸）売買目的有価証券 ××
　　　　　─費用─

---

[1] 有価証券は所有目的によって区分され，
・売買目的有価証券
・満期保有目的債券
・子会社・関連会社株式
・その他有価証券
に分けて記録，管理する。これまで単に有価証券とよんできたが，発展編からは売買目的有価証券とよぶ。

[2] 時価が値上がりした場合も，値下がりした場合も有価証券運用損益勘定で処理する。値上がりしたときには貸方に記入して収益をあらわし，値下がりしたときには借方に記入して費用をあらわす。

例題… 1

exercise

売買目的で保有する千葉商事(株)の株式200株（取得原価1株¥500）について，(1)決算日の時価が1株¥600の場合，(2)決算日の時価が1株¥450の場合について仕訳を示しなさい。

解答 answer

(1) （借）売買目的有価証券 *20,000* （貸）有価証券運用損益 *20,000*
(2) （借）有価証券運用損益 *10,000* （貸）売買目的有価証券 *10,000*

解き方 how to solve

(1) 時価が値上がりしているため評価益¥20,000が生じる。
評価益であるため有価証券運用損益勘定の貸方に記録する。
評価益 200株×（@¥600－@¥500）＝¥20,000
(2) 時価が値下がりしているため評価損¥10,000が生じる。
評価損であるため有価証券運用損益勘定の借方に記録する。
評価損 200株×（@¥450－@¥500）＝△¥10,000

5 有形固定資産取引

1 建設仮勘定

建物などを建設するさいには一定の期間が必要であり，工事の進捗に応じて少しずつ工事代金を支払うことが一般的である①。建物などの建設を注文して，事前に代金の一部を支払うということである。この場合，支払った金額は**建設仮勘定**（資産）で記録し，引渡しを受けたときに，固定資産の勘定に振り替える。

① 建物を建てる注文（契約）をしてから，その引渡しを受けるまでに1〜2年かかることもある。その場合には，契約時に3割，中間時点で3割，引渡時に残額を支払うといったかたちで分割払いがなされる。

仕　訳

・固定資産代金の一部（または全部）を完成前に支払った。

　　　（借）建設仮勘定　××　　　（貸）現　金など　××
　　　　　　　―資産―

・固定資産（建物）が完成し，引渡しを受けた（残額は現金払い）。

　　　（借）建　　　物　××　　　（貸）建設仮勘定　××
　　　　　　　　　　　　　　　　　　　現　　　金　××

例題… 1　　　　　　　　　　　　　　　　　　exercise

次の取引の仕訳を示しなさい。

5 月 1 日　（株)東京建設と建物 ¥500,000 の建設契約を締結し，本日，工事着手金 ¥200,000 を現金で支払った。

8 月 31 日　工事が50％進捗し，中間金 ¥200,000 を現金で支払った。

12 月 31 日　工事が終了し，建物の引渡しを受け，代金の残額を現金で支払った。

解答　answer

5 / 1　（借）建設仮勘定　200,000　　（貸）現　　　金　200,000

8 /31　（借）建設仮勘定　200,000　　（貸）現　　　金　200,000

12/31　（借）建　　　物　500,000　　（貸）建設仮勘定　400,000
　　　　　　　　　　　　　　　　　　　　現　　　金　100,000

解き方　how to solve

・引渡前に支払った代金は建設仮勘定で記録しておき，引渡時に建設仮勘定から建物勘定へ振り替える。

2 投資不動産

　貸し出して家賃（使用料）を受け取るために所有している固定資産を投資不動産という。これは，自ら利用する固定資産（建物，備品，車両運搬具，土地など）と区別して**投資不動産勘定**（資産）で処理する[①]。

① 店舗として利用するために所有していた建物を貸し出す場合も同じように処理する。

例題… 2   exercise

　次の取引の仕訳を示しなさい。

4 月 1 日　投資目的で建物 ¥800,000 を小切手を振り出して取得した。

5 月 1 日　上記建物を賃貸する契約を神奈川商事(株)と結んだ。

　　　31 日　神奈川商事より 5 月分の家賃 ¥10,000 を現金で受け取った。

12 月 31 日　決算となり，上記建物について，耐用年数 8 年，残存価額ゼロ，定額法にて減価償却を行う。

解答　answer

4／1	（借）投資不動産	800,000	（貸）当座預金	800,000
5／1	仕　訳　な　し			
31	（借）現　　　金	10,000	（貸）受　取　家　賃	10,000
12/31	（借）減価償却費	75,000	（貸）投資不動産 減価償却累計額	75,000

解き方　how to solve

・減価償却費　$¥800,000 ÷ 8 \,年 × \dfrac{9\,か月（4\,月〜12\,月）}{12\,か月} = ¥75,000$

・勘定を投資不動産とする点を除いては，通常の固定資産と同様に処理する。

6 株式会社の資本取引

1 株式の発行

株式を発行した場合，代価が払い込まれる。払込金額の全額を資本金とするのが原則であるが，払込金額の最大2分の1を資本金にしないことができる（会社法の例外規定）。このとき，資本金にしない部分は**資本準備金勘定**（純資産）で処理する。

仕 訳

・株式を発行した。

【原則】（借）当座預金など ×× （貸）資 本 金 ××

【例外】（借）当座預金など ×× （貸）資 本 金 ××

資本準備金 ××

—純資産—

払込金額の2分の1まで

---

2 創立費，株式交付費，開業費

会社設立時には，定款①作成費，株式発行費用，設立登記のための費用などがかかる。これらの費用は**創立費勘定**（費用）で処理する。

また，会社設立後，開業までに広告宣伝費，通信費，家賃などさまざまな費用がかかる。これらの費用は**開業費勘定**（費用）で処理する。

さらに，開業後，規模拡大などのために追加で株式を発行する場合，株式発行費用などがかかる。これらの費用は**株式交付費勘定**（費用）で処理する。

① 会社名，所在地，事業内容など，会社の基本事項がまとめられている書類であり，会社設立時に作成し，登記（国へ登録）する。

例題… 1

exercise

次の取引の仕訳を示しなさい。

(1) 実教商事(株)は，会社設立にあたり株式 1,000 株を 1 株 ¥3,000 で発行し，全額の払込みを受け，払込金は現金で受け取った。なお，資本金組入額は会社法規定の最低額とする。また，株式の発行に要した費用 ¥1,000 を現金で支払った。

(2) 上記実教商事は，会社を設立してから開業するまでにかかった諸費用 ¥180,000 を小切手を振り出して支払った。

(3) 上記実教商事は，事業規模拡大のため，新たに株式 200 株を 1 株 ¥3,500 で発行し，全額の払込みを受け，払込金は当座預金に預け入れた。なお，資本金組入額は会社法規定の最低額とする。また，株式の発行に要した費用 ¥800 は現金で支払った。

(1) （借）現　　　　金 *3,000,000*　（貸）資　本　金 *1,500,000*
　　　　　　　　　　　　　　　　　　　　　資本準備金 *1,500,000*

　　（借）創　立　費 *1,000*　（貸）現　　　　金 *1,000*

(2) （借）開　業　費 *180,000*　（貸）当 座 預 金 *180,000*

(3) （借）当 座 預 金 *700,000*　（貸）資　本　金 *350,000*
　　　　　　　　　　　　　　　　　　　　　資本準備金 *350,000*

　　（借）株式交付費 *800*　（貸）現　　　　金 *800*

解き方 | how to solve

・「資本金組入額は会社法規定の最低額とする」ということは，払込金額の 2 分の 1 を資本金，残りの 2 分の 1 を資本準備金とするということである。

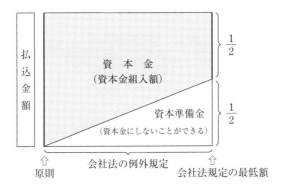

したがって，(1)では ¥*3,000,000* の 2 分の 1 が資本金，残りの 2 分の 1 が資本準備金となる。

・会社の設立から開業するまでにかかった費用は開業費勘定（費用）で処理する。

・設立にさいして株式を発行したときにかかる諸費用は創立費勘定（費用）で処理する。一方，設立後に新たに株式を発行するときにかかる諸費用は株式交付費勘定（費用）で処理する。

1 商品の期末評価

紛失や盗難などによって，実際に残っている商品の数量が商品有高帳での商品の数量よりも少なくなることがある[1]。このとき，実際の数量と商品有高帳（帳簿上）の数量の差を棚卸減耗といい，**棚卸減耗費勘定**（費用）の借方に記入するとともに，その分だけ期末商品を減少させるために繰越商品勘定（資産）の貸方に記入する。

また，商品の価格は日々変動するため，期末商品の有高を正確に把握するため時価（正味売却価額）[2]で評価する。時価が原価より下落している場合，その下落分を**商品評価損勘定**（費用）の借方に記入するとともに，その分だけ期末商品を減少させるために繰越商品勘定（資産）の貸方に記入する。

① 実際の数量を確かめる作業を棚卸という。

② 時価にもいろいろあるが，ここでは正味売却価額を使う。正味売却価額とは，売価から見積販売直接経費を差し引いた価額である。

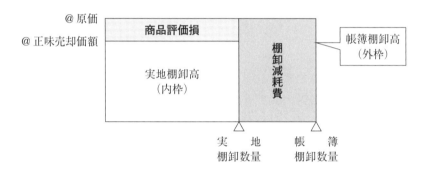

次の資料にもとづいて，必要な決算整理仕訳を示しなさい。

【資料】 期首商品棚卸高 ￥56,000

期末商品 帳簿棚卸数量 400個 実地棚卸数量 380個

取 得 原 価 @￥200 正味売却価額 @￥180

解答 answer

（借）仕　　　　入　56,000　（貸）繰 越 商 品　56,000

（借）繰 越 商 品　80,000　（貸）仕　　　　入　80,000

（借）棚 卸 減 耗 費　4,000　（貸）繰 越 商 品　4,000

（借）商 品 評 価 損　7,600　（貸）繰 越 商 品　7,600

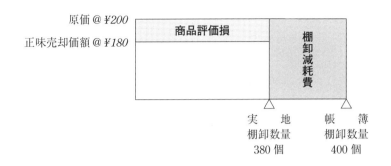

解き方 | how to solve

原価 @¥200
正味売却価額 @¥180

商品評価損

棚卸減耗費

実　地　　帳　簿
棚卸数量　　棚卸数量
380 個　　　400 個

・売上原価は期首商品棚卸高 ¥56,000，期末帳簿棚卸高（400 個×
　@¥200）を使って計算し，その後，棚卸減耗費・商品評価損を計上
　する。
・棚卸減耗費　（400 個−380 個）×@¥200＝¥4,000
・商品評価損　380 個×（@¥200−@¥180）＝¥7,600

2　引当金

　貸倒引当金以外にも修繕引当金，特別修繕引当金，賞与引当金，商品保証
引当金がある。いずれも，次期以降の支払いの原因が当期にあるため，当期
に費用を計上するという共通の仕組みを持っている。

（1）　修繕引当金

　企業が保有している固定資産に関して，次期に行われる修繕にともなう支
払いの原因が当期にある場合，当期の決算において，次期の修繕費用のうち
当期負担額を**修繕引当金繰入勘定**（費用）の借方に記入するとともに，**修繕
引当金勘定**（負債）の貸方に記入する[1]。

　例えば，02 年に修繕を行い ¥500 を支払うが，そのうち ¥300 は 01 年の
使用によって必要となった修繕である場合，01 年末に ¥300 を 01 年の修繕
引当金繰入（費用）にするとともに，01 年末の修繕引当金（負債）とする。

[1]　数年に一度の大規模修
繕に備える場合は，特別修
繕引当金繰入勘定（費用）
と特別修繕引当金勘定（負
債）で処理する。

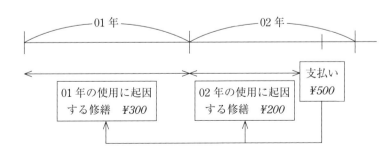

01 年

02 年

支払い
¥500

01 年の使用に起因
する修繕　¥300

02 年の使用に起因
する修繕　¥200

例題… 2

次の取引の仕訳を示しなさい。

01年末　決算にあたり，02年に行われる建物の修繕について，01年の
　　　　負担額は¥300,000と見積もられた。

02年中　建物の修繕を行い，代金¥500,000は小切手を振り出して支
　　　　払った。

解答 | answer

01年末　（借）修繕引当金繰入　300,000　　（貸）修繕引当金　300,000

02年中　（借）修繕引当金　300,000　　（貸）当座預金　500,000
　　　　　　　修　繕　費　200,000

解き方 | how to solve

・01年末においては01年負担分¥300,000だけを01年の費用にする。
　02年負担分¥200,000については，02年の支払時に**修繕費勘定**（費用）
　とする。

（2）　賞与引当金

　従業員の当期の勤務に対して，次期以降に賞与が支払われる場合，当期の
決算において，次期の賞与支払額のうちの当期負担額を**賞与引当金繰入勘定**
（費用）の借方に記入するとともに，**賞与引当金勘定**（負債）の貸方に記入
する[1]。

① 役員に対する賞与は役
員賞与引当金繰入勘定（費
用）と役員賞与引当金勘定
（負債）で処理する。

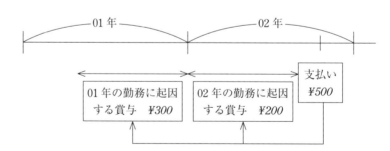

例題… 3

次の取引の仕訳を示しなさい。

01年末　決算にあたり，02年に支払われる賞与について，01年の負担
　　　　額は¥300,000と見積もられた。

02年中　賞与¥500,000を小切手を振り出して支払った。

解答	answer

01 年末　（借）賞与引当金繰入　*300,000*　　（貸）賞与引当金　*300,000*

02 年中　（借）賞与引当金　*300,000*　　（貸）当座預金　*500,000*

　　　　　　　　賞　　　与　*200,000*

解き方	how to solve

・02 年負担分 ¥*200,000* については，02 年の支払時に**賞与勘定（費用）**①で処理する。

① 役員に対する賞与は役員賞与勘定（費用）で処理する。

（3）　商品保証引当金

　商品を販売するさい，一定期間内の故障などに対して無料で修理をする保証を付けて販売することがある。この場合，当期に販売された商品について，次期以降に無料修理が行われる場合，当期の決算において，次期の無料修理のための支払額のうちの当期負担額を**商品保証引当金繰入勘定（費用）**の借方に記入するとともに，**商品保証引当金勘定**（負債）の貸方に記入する。

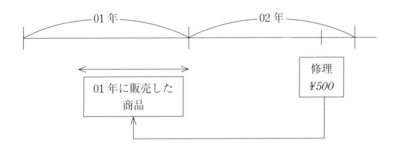

例題…	**4**		exercise

次の取引の仕訳を示しなさい。

01 年末　決算にあたり，商品保証引当金に ¥*200,000* 繰り入れる。

02 年中　01 年に販売した商品に関して，修理の申し出があり，修理業者に修理を依頼し，代金 ¥*170,000* を現金で支払った。

解答	answer

01 年末　（借）商 品 保 証　*200,000*　　（貸）商品保証引当金　*200,000*
　　　　　　　引当金繰入

02 年中　（借）商品保証引当金　*170,000*　　（貸）現　　　金　*170,000*

8 本支店会計

1 本支店会計の意味

　企業の規模が大きくなると，本店とは別に支店を置くことがあり，その場合，支店は単独で外部の企業と取引したり，本店と取引を行うことになるため，支店はこれらの取引を記録し，支店だけの活動状況を知る必要がある[1]。そのため，本店と支店を別の組織とみなして，それぞれ別個に会計処理する，本支店会計が行われる。

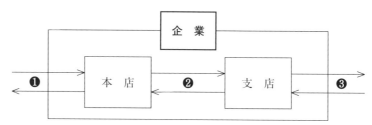

❶　本店と外部企業の取引
❷　本店と支店間の取引
❸　支店と外部企業の取引

　外部企業との取引（❶・❸）はこれまで学習してきたとおりに仕訳すればよいが，企業内部での取引（❷）の記録が本支店会計であり，工夫が必要である。

2 本店勘定と支店勘定

　❷の本支店間の取引はいずれも企業内部の取引であるため，これまで学習してきた勘定だけでは仕訳が成立しない。

　例えば，本店が支店に現金¥*10,000*を送った場合の仕訳を考えてみよう。

　上記のように，本店では現金がなくなり，支店では現金を受け取ったことが記録されるが，本店では借方が，支店では貸方が欠けている。これでは仕訳として成立しない。

　そこで，本店では支店に対する権利と義務（貸しと借り）を想定した**支店勘定**を設けて記録する。他方，支店では本店に対する権利と義務（貸しと借り）を想定した**本店勘定**を設けて記録する。勘定の形で示すと次のようになる。

――――――――― 支店と本店の勘定記入 ―――――――――

支　店①　　　　　　　　　　　本　店②

| 支店に対する権利 | 支店に対する義務 |

| 本店に対する権利 | 本店に対する義務 |

一致③

① 本店の帳簿に設ける。

② 支店の帳簿に設ける。

③ 本支店会計では，支店勘定と本店勘定が貸借逆で生じるため，必ず一致する。

支店勘定と本店勘定を用いて次のとおり仕訳する。

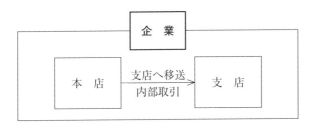

| 本店 | （借）支　　　店④ | 10,000 | （貸）現　　　金 | 10,000 |
| 支店 | （借）現　　　金 | 10,000 | （貸）本　　　店⑤ | 10,000 |

④ 支店に対する権利があるということを示すために，支店勘定の借方に記入する。

⑤ 本店に対する義務があることを示すために，本店勘定の貸方に記入する。

本店は，支店を設置するとき資産を提供する（上記本店の仕訳のように）。そのときの支店に対する権利は出資金に類似する。一方，支店からすると本店から資産を提供されたさいに記入する貸方の本店勘定は資本金に類似する。

解法のテクニック
本支店会計の仕訳では，先に，何がどうなったかを借方か貸方に記入し，空いている方に権利・義務の相手を記入すればよい。

3 本支店間取引の記録

（1）　本店から支店への商品の発送

本店が外部企業から仕入れた商品を支店に提供することがある。この取引は，本店の商品が支店へ移送されたことを意味する。

| 企　業 |

| 本　店 | 支店へ移送 内部取引 → | 支　店 |

そこで，本店では商品を送付した（商品が減少した）ことを示すために，送付した商品の原価を仕入勘定の貸方に記入するとともに，支店に対する権利を示すために同額を支店勘定の借方に記入する。

支店では商品を受け取ったことを示すために仕入勘定の借方に記入するとともに，本店に対する義務を示すために本店勘定の貸方に記入する。

例題… 1　　　　　　　　　　　　　　　　　exercise

次の取引について，本支店が行う仕訳を示しなさい。

本店は商品 ¥10,000 を支店に発送した。

解答｜answer

| 本　店 | （借）支　　　店 | 10,000 | （貸）仕　　　入 | 10,000 |
| 支　店 | （借）仕　　　入 | 10,000 | （貸）本　　　店 | 10,000 |

<table>
<tr><td>解き方</td><td>how to solve</td></tr>
</table>

本店：（貸）　仕入　　先に，商品を送付したこと（商品減少）を示す。

　　　（借）　支店　　空いている方に，支店に対する権利を示す。

支店：（借）　仕入　　先に，商品を受け取ったことを示す。

　　　（貸）　本店　　空いている方に，本店に対する義務を示す。

（2）　本店・支店の債権・債務の立替払い，代理回収

　本店が支店の売掛金を回収したり，買掛金を立替払いすることがある。また反対に，支店が本店の売掛金を回収したり，買掛金を立替払いすることもある。これまでと同様に考えて処理する。

<table>
<tr><td>例題… 2</td><td>exercise</td></tr>
</table>

次の取引について，本支店が行う仕訳を示しなさい。

本店は，支店の東京商店に対する売掛金 ¥20,000 を現金で回収した。

<table>
<tr><td>解答</td><td>answer</td></tr>
</table>

本　店　（借）現　　金　20,000　　（貸）支　　店　20,000

支　店　（借）本　　店　20,000　　（貸）売 掛 金　20,000

<table>
<tr><td>解き方</td><td>how to solve</td></tr>
</table>

本店：（借）　現　金　　先に，現金を受け取ったことを示す。

　　　（貸）　支　店　　空いている方に，支店に対する義務を示す。

　　　　　　　　　　　（支店のお金を預かっている）

支店：（貸）　売掛金　　先に，売掛金が回収されたことを示す。

　　　（借）　本　店　　空いている方に，本店に対する権利を示す。

　　　　　　　　　　　（本店にお金を預けている）

（3）　本店・支店の収益・費用の立替払い，代理回収

　本店が支店の，あるいは支店が本店の費用を立替払いしたり，収益を代わりに受け取ったりすることがある。

<table>
<tr><td>例題… 3</td><td>exercise</td></tr>
</table>

次の取引について，本支店が行う仕訳を示しなさい。

本店は，支店の広告費 ¥30,000 を現金で立替払いした。

<table>
<tr><td>解答</td><td>answer</td></tr>
</table>

本　店　（借）支　　店　30,000　　（貸）現　　金　30,000

支　店　（借）広 告 費　30,000　　（貸）本　　店　30,000

解き方 | how to solve

本店：（貸）　現　　金　　先に，現金を支払ったことを示す。

　　　（借）　支　　店　　空いている方に，支店に対する権利を示す。

支店：（借）　広　告　費　　先に，広告費を負担したことを示す。

　　　（貸）　本　　店　　空いている方に，本店に対する義務を示す。

■4■ 合併財務諸表の作成

　本支店会計では，本店と支店がそれぞれ個別に決算整理を行い，決算整理後残高試算表を作成する[1]。その後，本店と支店の資産・負債・純資産・収益・費用を合算し，本支店合併財務諸表を作成する。

　基本的な作成方法は基礎編で学習したとおり[2]に本店と支店の決算をそれぞれ個別に終わらせて，その結果を合算するだけであるが，以下のとおり，損益計算書の表示方法が異なる[3]。

[1]　その決算整理後残高試算表を見れば，本店だけの業績，支店だけの業績がわかる。

[2]　p.82〜参照。

[3]　貸借対照表は基礎編で学習したとおりに作成すればよい。

（第1段階）　売上原価を期首商品棚卸高，当期商品仕入高，期末商品棚卸高に分けて記載し，いったん売上総利益を算出する。

（第2段階）　売上総利益からスタートして収益を加算し，その他の費用を差し引いて，当期純損益を計算する。

損益計算書

実教商事（株）　　01年4月1日から02年3月31日まで　　（単位：円）

	費　　用	金　額	収　　益	金　額
第1段階	期首商品棚卸高	250,000	売　　上　　高	1,900,000
	当期商品仕入高	1,191,000	期末商品棚卸高	366,000
	売 上 総 利 益	825,000		
		2,266,000		2,266,000
第2段階	給　　　　料	300,000	売 上 総 利 益	825,000
	減 価 償 却 費	50,000	受 取 利 息	5,000
	貸倒引当金繰入	3,000		
	支 払 家 賃	140,000		
	雑　　　　費	70,000		
	当 期 純 利 益	**267,000**		
		830,000		830,000

1 帳簿組織―特殊仕訳帳制―とは

これまで2つの記帳手順を学んだ。

取引 ── 仕訳帳 ── 総勘定元帳
　　　　　　　　 ── 補助記入帳・補助元帳

取引 ── 伝票―（仕訳日計表）── 総勘定元帳
　　　　　　　　　　　　　　　 ── 補助記入帳・補助元帳

　帳簿組織とは取引を記録する帳簿が複数あり，それらが関連付けられた状態にあることをいう。そして，帳簿組織の中に組み込まれた現金出納帳などの補助記入帳のことを特殊仕訳帳という。このような特殊仕訳帳制では，次のような記帳手順となる。

取引 ── 特殊仕訳帳 ── 総勘定元帳
　　　　 普通仕訳帳 ── 補助元帳

　特殊仕訳帳とは，現金出納帳，仕入帳，売上帳など，これまで補助記入帳とよんできた帳簿である。事業に応じて特殊仕訳帳とする補助記入帳を選択する①。以下では，現金出納帳，仕入帳，売上帳の3つを特殊仕訳帳としているケースを取り上げる。また，普通仕訳帳とはこれまで仕訳帳とよんできた帳簿である。

　取引が生じたら，次の手順で記録する。

───（手順1）───────────────────
　特殊仕訳帳か普通仕訳帳のいずれかに記入する。例えば，現金入出金取引が生じたら，現金出納帳にのみ記入する。この現金出納帳への記入を仕訳とみなす。これにより，記録の重複が避けられる②。特殊仕訳帳へ記入されない取引を普通仕訳帳に記入する。入金・出金伝票と振替伝票の使い分けと同じである。

───（手順2）───────────────────
　一定期間分の現金出納帳の記録をまとめて総勘定元帳に転記する。これにより，転記回数を大きく削減できる③。

───（手順3）───────────────────
　必要に応じて補助元帳（売掛金元帳，買掛金元帳）へ転記する④

① 現金出納帳だけを特殊仕訳帳とするケースもあれば，現金出納帳，仕入帳，売上帳など，あらゆる帳簿を特殊仕訳帳とするケースもある。

② 現金取引が多い企業では，現金取引のたびに仕訳と現金出納帳への記入を行うと，大変な手間がかかるだけでなく，記録が重複することになる。そこで，記録の重複をなくし，手間を半減するために，現金出納帳への記録だけを行い，それを仕訳とみなしてしまうのである。

③ 取引のたびに仕訳・転記を行う場合，1か月間に現金取引が1,000回行われたときには，現金勘定への転記が1,000回必要であるが，特殊仕訳帳制ならば現金出納帳から現金勘定へ1か月分をまとめて1回の転記で済ませられる。

④ 手順1～3より特殊仕訳帳制はできる限り記録の手間を削減するための手法であることがわかる。

現在，特殊仕訳帳制は簿記検定試験（各3・2級）では試験範囲とされていない。しかし，実務で用いられている会計ソフトでは特殊仕訳帳制が構築されており，特殊仕訳帳制が理解できていなければ，会計ソフト上で示されるデータの意味が十分に理解できないこともありうる。本節は，実務上の補足として利用してほしい。

2 特殊仕訳帳制の実例

会計ソフトにおける特殊仕訳帳制では，入力（記入）パターンが3つに分かれる。それぞれのケースと入力の特徴をおさえておこう。

（1）1つの取引が普通仕訳帳に入力されるケース

特殊仕訳帳として使われている勘定に関係ない取引のケースである。

例）01年5月10日，車両運搬具 ¥100,000 を購入し，代金は月末に支払うこととした（伝票 No.101）。

現金入出金，仕入れ，売上げのいずれも生じないので特殊仕訳帳には入力せず[①]，普通仕訳帳[②]へ仕訳を入力する。普通仕訳帳に仕訳を入力したら，「車両運搬具」勘定と「未払金」勘定へ転記する[③]。つまり，これまで学習してきた記帳を行えばよい。

※以下，会計ソフトの画像はソリマチ株式会社「会計王」のものである。

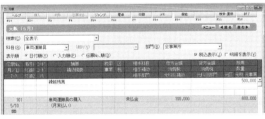

（2）1つの取引が1つの特殊仕訳帳に入力されるケース

例）01年5月15日，車両運搬具 ¥200,000 を購入し，代金は現金で支払った（伝票 No.102）。

現金出金が生じているので，現金出納帳（特殊仕訳帳）に入力し（普通仕訳帳には入力しない），現金出納帳への入力を"仕訳"とみなす。したがって，現金出納帳へ入力するとともに「現金」勘定と「車両運搬具」勘定へ転記する[④]。

① 前ページで示したようにここでは，現金出納帳，仕入帳，売上帳の3つを特殊仕訳帳としている。

② 会計ソフトによっては仕訳日記帳とよぶこともある。

③ 会計ソフトではコンピュータが自動で転記を行ってくれる。

④ 通常は月末に1か月分をまとめて現金勘定へ転記するが，ここでは説明の都合上，仕訳のつど転記している。

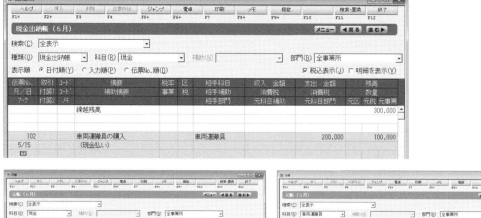

（3） 1つの取引が複数の特殊仕訳帳に入力されるケース

例）01年5月20日，商品Aを100個，@¥3,000で販売し，代金は現金で受け取った（伝票No.103）。

　この場合，現金入金と売上げが生じているので，現金出納帳と売上帳に入力する（ただし，会計ソフトでは，現金出納帳に入力すれば，コンピュータが売上帳にも自動的に入力してくれる）。つまり，1つの取引が2つの特殊仕訳帳に記録されるのであり，いってみれば1つの取引が2回仕訳されることになる。

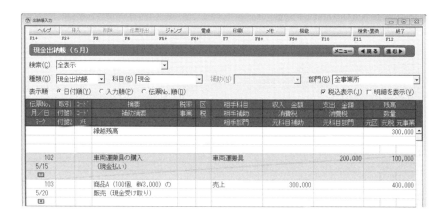

次のとおり，売上帳に自動的に入力される。

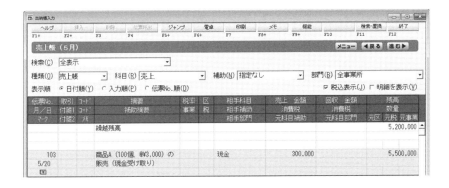

それぞれの帳簿から各勘定へ転記される。

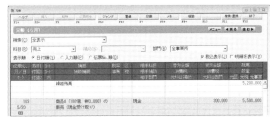

　これまで3つのケースをみてきたが，このうち(3)のケースに注目してほしい。複数の特殊仕訳帳に入力すべき取引について，1つの特殊仕訳帳に入力すれば，入力が必要なもう1つの特殊仕訳帳に自動的に入力され，それぞれの特殊仕訳帳から該当する勘定への転記まで自動的に行われるのである。したがって，特殊仕訳帳を増やしていくとその分だけ入力が効率的になり，データの重複もなくなる。

　このように，実務では，勘定どうし，帳簿どうしの関係を考えながら入力していくことになるため，学習を進めていく段階から少しずつ意識するとよい。

●本書の関連データが web サイトからダウンロードできます。

https://www.jikkyo.co.jp/download/ で

「基本簿記」を検索してください。

■編修・執筆

蛭川　幹夫　元城西大学客員教授
（ひるかわ　みきお）

小野　正芳　日本大学教授
（おの　まさよし）

武井　文夫　城西大学講師
（たけい　ふみお）

山本　貴之　城西大学講師
（やまもと　たかし）

●カバー・表紙──(株)エッジ・デザイン・オフィス
●画像協力──ソリマチ(株)

専門基礎ライブラリー

基本簿記　改訂版

簿記の基礎から実務までのエッセンス

2008 年 5 月 20 日　初版第 1 刷発行
2020 年 4 月 10 日　改訂版第 1 刷発行
2023 年 1 月 30 日　改訂版第 3 刷発行

●執筆者　蛭川幹夫(ほか 3 名)

●発行者　小田良次

●印刷所　中央印刷株式会社

無断複写・転載を禁ず

●発行所　実教出版株式会社

〒102-8377
東京都千代田区五番町 5 番地
電話 ［営　　業］(03) 3238-7765
　　 ［企画開発］(03) 3238-7751
　　 ［総　　務］(03) 3238-7700
https://www.jikkyo.co.jp/

ISBN　978-4-407-34891-0　C3034

Printed in Japan